U0336978

智能驱动 品牌驱动 社交驱动 营销驱动 价值驱动

深层原理都是多巴胺驱动

多巴胺商业

驱动用户购买行为的底层逻辑

程志良 著

2024年

多巴胺经济元年

发多巴胺的**1**个开关，**3**个按钮，**6**个控点，**30**个方法

机械工业出版社
CHINA MACHINE PRESS

什么是多巴胺商业？多巴胺商业是一种自我强化的经济模式。多巴胺驱动商业增长的强劲动力来自持续的可能。该书从全新的角度深度解析多巴胺商业的驱动力——多巴胺。书中介绍了 1 个激活多巴胺的开关、3 个触发多巴胺的按钮、6 个调控多巴胺的控点、30 个唤醒多巴胺的方法。无论是数据驱动、品牌驱动、价值驱动、认知驱动、情感驱动等模式，其深层原理都是由多巴胺在驱动，读者可从深层抓住驱动商业增长的底层逻辑，从根本上加深对用户的认知，从而提升自身的竞争力。

图书在版编目（CIP）数据

多巴胺商业：驱动用户购买行为的底层逻辑 / 程志良著. —北京：机械工业出版社，2023.11（2024.6重印）
ISBN 978-7-111-74262-3

Ⅰ.①多… Ⅱ.①程… Ⅲ.①商业模式-研究 Ⅳ.①F71

中国国家版本馆CIP数据核字（2023）第222069号

机械工业出版社（北京市百万庄大街22号 邮政编码100037）
策划编辑：胡嘉兴　　　　　　　　责任编辑：胡嘉兴
责任校对：郑 雪　刘雅娜　陈立辉　责任印制：张 博
唐山楠萍印务有限公司印刷
2024年6月第1版第4次印刷
145mm × 210mm · 7.25印张 · 3插页 · 146千字
标准书号：ISBN 978-7-111-74262-3
定价：69.00元

电话服务　　　　　　　　　网络服务
客服电话：010-88361066　　机 工 官 网：www.cmpbook.com
　　　　　010-88379833　　机 工 官 博：weibo.com/cmp1952
　　　　　010-68326294　　金 书 网：www.golden-book.com
封底无防伪标均为盗版　机工教育服务网：www.cmpedu.com

前　言

你看不到"可能"就没有"可能"

人与人的差异是认知差异。抖音的创始人张一鸣曾说："对事情的认知是最关键的，你对事情的理解就是在这件事情上的竞争力。因为理论上其他生产要素都可以构建，要花多少钱，花谁的钱，要招什么样的人，这个人在哪儿，他有什么特质，应该和什么样的人配合……你对这件事情的认知越深刻，你就越有竞争力。"

其实，一切皆有可能。你之所以觉得没有可能，是因为你存在认知局限。认知决定着我们能看到什么。一切可能都是由认知开启的，看不到可能当然不会产生拥抱可能的行动，结果就是真的没有了可能。一个人的财富增长优势在很大程度上来自竞争优势，而竞争优势来自认知优势。

在这个深度竞争的时代，我们只有从深层加深对用户的认知，才会具备真正的竞争优势。深层要深到什么程度呢？深层就是要深入大脑，深到能触及大脑的运作机制，因为大脑在很大程度上是被格式化的。大脑才是每个人的主人。虽然大脑属于你，但你不见得是它的主人。如果你认为自己是大脑的主人，那么，你可以试着问一下自己：

为什么你想停止刷手机却停不下来？

为什么你想让自己快乐，可就是无法快乐？

为什么你想停止拖延却还是一拖再拖？

为什么你的信用卡已经超额透支了，你还是会买几万元的手提包？

……

这一切的原因就是你不是大脑的主人，大脑才是你的主人。当真正明白这些道理的时候，你才知道要想实现财富增长，应该去研究大脑。只要能搞定大脑，财富自然而然就被你获得了。

我花了 10 多年的时间去研究大脑是如何驱动人们的消费行为的。2017 年我创作的《成瘾》一书出版。它是我关于用户行为的核心驱动力——多巴胺——的阶段性研究成果。之后我又相继出版了《锁脑》《带感》《自增长》

一系列用户驱动力研究和品牌优化的著作。这些著作在推动我一步步地去接近和发现用户驱动力的本质和运行模式。时隔 6 年，通过对多巴胺的深入研究和实践，我掌握了多巴胺驱动商业增长的底层逻辑。

其实，多巴胺不仅是单纯的快乐分子、欲望分子、奖赏分子、预期分子，还是自我强化分子。多巴胺是被自我强化的意志激活和调控的，自我强化的意志才是激活多巴胺的开关。整个商业社会运行的底层逻辑其实都是由多巴胺驱动的。数字驱动、智能驱动、品牌驱动、价值驱动、营销驱动、社群驱动等，任何驱动用户消费行为的底层逻辑都是多巴胺驱动的自我强化机制。特别是由数字科技和人工智能技术驱动的增长，它的底层逻辑依旧遵循多巴胺驱动原理。它们更多是对多巴胺驱动的赋能。乔布斯说过，我们必须从用户的感觉出发，然后再回到技术上来。除此之外，别无他法。也就是说，不管是数字经济还是智能科技，它们的本质是服务于人。如果脱离人谈技术就是空谈，意义不大。只要是服务于人的技术，它的底层逻辑就是多巴胺驱动的自我强化机制。如果数字和人工智能技术不是为多巴胺驱动自我强化机制赋能，那么它的价值就会极其有限。在数字和人工智能技术赋能的前提下，多巴胺经济才开始大力发展。

在本书中，我将带大家从新的角度用新的思路去认知多巴胺，驾驭多巴胺。我将和大家分享 1 个激活多巴胺的开关、3 个触发多巴胺的按钮、6 个调控多巴胺的控点、30 个唤醒多巴胺的方法。在本书中，我提出了多巴胺自我强化理论，定义了多巴胺经济，构建了多巴胺驱动商业增长的动力模型。

如今，商业竞争已经进入了深化阶段，想要单靠勇气、努力、热情实现财富增长已经不太可能了。外部局势让我们看到传统经济增长的局限性。我们必须从深层突破自身对用户的认知局限，才能继续拥有未来和驾驭未来。只有这样我们才知道该往哪儿走，怎么走。时代不同了，现如今不管你想做什么，最忌讳的就是"表面化"，因为这意味着没有竞争力。记住，如果你不能比别人看到更多可能，你就没有可能。希望你能通过阅读本书真正抓住驱动商业增长的命脉，实现财富增长。

目 录

多巴胺商业

多巴胺商业

第七章　多巴胺控点六：随机连接

如何借助随机连接激发用户对"中签率"的渴望

第一章

多巴胺开关:
自我强化的意志

多巴胺驱动我们去"刷"
自我存在感

1. 消费行为背后的推手是多巴胺

抖音上有个段子：

"如果你想搞懂经济，你可以研究一下政治；

如果你想搞懂政治，你可以研究一下历史；

如果你想搞懂历史，你可以研究一下哲学；

如果你想搞懂哲学，你可以研究一下人性。"

其实，我在 20 年前就试图从经济学、哲学、社会科学中发现什么是获得财富的决定因素，最终得出的结果就是"人性"。从那时起，我便选择了研究人的心理。

如果你要想搞懂人性，你就研究一下心理；

如果你要想搞懂心理，你就研究一下自我；

如果你要想搞懂自我，你就研究一下大脑；

如果你要想搞懂大脑，你就研究一下多巴胺。

当你搞懂多巴胺的时候，你就看懂了经济的深层逻辑，你就真正获得了财富。

其实，我们早已身在被多巴胺支配的经济环境中了。刷短视频、在直播间购物、沉迷游戏等，你一定不会想到生活中让我们欲罢不能的那些行为与多巴胺有深层的关联。其实那些行为背后真正的推手就是多巴胺。在本书中你会看到，我们的生活是怎样被多巴胺一点点控制的，我们的行为是怎样被多巴胺左右的。多巴胺如此重要，它究竟是怎样的一种存在呢？

1957年，一个叫凯瑟琳·蒙塔古（Kathleen Montagu）的英国医生发现了多巴胺。经过诸多生物学家和神经科学家的不懈努力，他们发现，不但食物、性能够激活多巴胺，金钱、游戏、社会认同、奖励等也可以激活多巴胺，甚至意义、符号、价值、想象等理念、信息也可以激活多巴胺。可以说大部分事物都可能激活多巴胺。从这点来看，多巴胺并不是被具体的事物（硬件）激活的，而是被大脑的一套内在算法左右的。只要掌握了大脑操控多巴胺的算法，我们就可以制造出一个"多巴胺能工厂"。这个多巴胺能工厂可以源源不断地驱动人们。

对于多巴胺存在的底层逻辑，不同领域的科学家各执一词。有的人认为多巴胺与快乐有关，是快乐分子；有的人认为多巴胺与欲望有关，是欲望分子；有的人认为多巴胺与奖赏有关，是奖赏分子；还有的人认为多巴胺与预期有关，是预期分子，等等。直到今天我们对多巴胺的认知还像在拼图，单看某一块拼图没有问题，但是将这些拼图堆在一起，我们就混乱了。我们会发现这些理念相互排斥、相互矛盾。我们没有将这些多巴胺拼图有序、合理地拼接起来的核心线索。

但是，有一点是可以肯定的，那就是多巴胺与人们的行动力和驱动力是紧密相关的。20世纪50年代后期，瑞典科学家阿尔维德·卡尔森（Arvid Carlsson）经大量研究后发现，多巴胺是大脑非常重要的一种神经递质。卡尔森的研究也发现，多巴胺对我们控制自身运动行为的能力发挥着重要作用。帕金森病就是由于大脑某些部位无法合成多巴胺引起的疾病。多巴胺的缺失导致帕金森病人行为的意志降低，行为迟缓。卡尔森对多巴胺的新发现，让他获得了2000年诺贝尔生理学或医学奖。斯坦福神经科学家布莱恩·克努森（Brian Knutson）的研究也证实了多巴胺控制的是行动，而不是快乐。

神经学家通过改变小白鼠的遗传基因，让繁殖出的小白鼠患有先天性多巴胺缺失症。结果，这只小白鼠一出生就不吃、不喝、不动，没有任何欲望。后来研究人员为这只小白鼠注射了一种能够转变成多巴胺的药物。结果发现，它可以像普通小白鼠一样又吃又喝，而且精力充沛。但是药效一过，它就会被打回原形，变成一只没有任何欲望的小白鼠。诸多研究都发现多巴胺是人们行为的动力。

多巴胺在驱动人们的行动中发挥着至关重要的作用，这是毋庸置疑的。让我们疯狂的、欲罢不能的消费行为背后的推手就是多巴胺。可以说这个商业社会的繁荣发展在很大程度上是由多巴胺驱动的。如果没有多巴胺，我们恐怕连满足自己吃口蛋糕的欲望都无法实现。

我们知道多巴胺驱动人们的行为是远远不够的。我们还要知道多巴胺的运作机制，即它是怎样对我们的行为发挥驱动作用的。我们要掌握多巴胺驱动行为的算法和模型，这样才能让多巴胺真正地为我所用，我们才能对它进行人为的干预；我们才知道该如何将多巴胺机制引入商业经营中，以此来服务于我们的商业目的。

本书将从一个深层的、全新的角度解析多巴胺的触发逻辑。同时让你掌握调控多巴胺的技巧和方法，从而帮你解决一些在商业经营中遇到的棘手问题。

2. 自我强化的意志是激活多巴胺的开关

"动起来"是人类让自身生存下去的重要能力。"动起来"是大脑驱动我们适应生存环境的核心机制。"动起来"并不单指行动起来，也包括让思维"动起来"。

大脑中的很多神经递质都与驱动人们动起来有关。其中有四种重要的驱动人们动起来的神经递质，它们分别是内啡肽、血清素、多巴胺、催产素。没有这些神经递质的加持，人们是很难动起来的。接下来，我给大家讲个小故事，帮助大家生动形象地了解这些神经递质在驱动行为中发挥的作用。

周末，爸爸带着儿子在公园里悠闲自在地散步。只见一只蝴蝶从他们身边飞过。儿子指着蝴蝶说："好漂亮的蝴蝶呀，爸爸，抓住它。"爸爸一看，确实是一只很漂亮的蝴蝶。于是，父子俩紧追着蝴蝶一前一后地奔跑。上下翻飞的蝴蝶好像将父子俩钩住了似的，蝴蝶飞到哪儿他们就追到哪儿。从产生追蝴蝶的冲动，到紧追着蝴蝶，这个过程都是多巴胺在不断地为他们输出动力。多巴胺就像胶水一样将父子俩与蝴蝶这个目标粘在了一起。

　　多巴胺是如何将父子与蝴蝶粘在一起，让他们追着蝴蝶不放的呢？答案是可能。多巴胺为父子俩制造了抓住蝴蝶的可能，才将他们与蝴蝶紧紧地粘在了一起。父子俩产生捕蝶的行为，是因为大脑释放的多巴胺为他们渲染了抓住蝴蝶的美好。多巴胺让他们感觉这只蝴蝶很漂亮，将其放在手中好好欣赏一下会是多么美好的事情。多巴胺让父亲感觉到抓住这只蝴蝶可以让孩子高兴。围绕抓蝴蝶感受到的美好可能都是多巴胺为他们渲染的。若没有多巴胺，我们不会把一件普通的事情想象得如此美好。多巴胺制造的美好可能会驱动他们产生捕蝶的行为；不断地让他们感受到抓住蝴蝶的可能，这才使得他们一直追着蝴蝶不放。多巴胺总是在告诉他们，只要快跑几步就能如愿，只要用力一挥就能如愿……多巴胺持续为他们制造了蝴蝶唾手可得的错觉，才使他们不断地看到和感受到抓住蝴蝶的可能。他们是在追着一种可能不放而不是蝴蝶。

　　多巴胺的核心功能是为我们制造和渲染可能。它是让我们看到和感受到可能的神经递质。多巴胺的存在使我们的大脑变得活跃、积极，让我们感受到可能的存在。可能的存在增强了我们的渴望、冲动，提升了大脑对肌肉的控制能力，从而触发我们的积极行动。

多巴胺之所以是让我们"感觉良好"的神经递质，是因为多巴胺在为我们开启可能、渲染可能，让我们看到和感受到了美好，使我们感到快乐和愉悦。

父子俩追了半天。父亲累得气喘吁吁，便想要放弃。可是他看着蝴蝶在眼前"招摇"，感觉不抓住它对不起儿子。于是他再次振作精神，继续狂追。父亲能继续坚持，是因为多巴胺邀请自己的"好兄弟"内啡肽加入了捕蝶大战。

内啡肽是人们在感到痛苦、不适时激活的一种神经递质。它是抑制痛苦、振奋精神的神经递质。我们在运动中感觉累并想要放弃的时候，大脑会释放内啡肽驱动我们坚持下去。当我们坚持完成锻炼任务后，愉悦感会产生。这就是内啡肽在发挥作用。多巴胺给了我们追逐、完成目标的渴望和冲动，唤醒了内啡肽来抑制不适和痛苦。多巴胺和内啡肽的完美配合使我们能够设定目标和完成目标。

在追逐中，父亲和儿子你追我赶，一前一后，一左一右，协同作战。这样的捕蝶游戏让他们玩得不亦乐乎。其实，这时的捕蝶游戏早就不再是抓住蝴蝶，而是升级为一场亲子游戏。捕蝶游戏让父与子得到了互动和交流——传递爱、感受爱。他们获得的愉悦感早就超越了抓住蝴蝶的快乐，更多的是父子之间的情感交流。这是因为多巴胺把另一个"好兄弟"催产素拉来了。

催产素大多是人与人互动的时候才会被激活，比如信任他人、拥抱、身体接触等。它的存在是为了促进人与人之间的社交活动。它在人们的社交互动和家庭关系中发挥着重要作用。人是社会动物，人的大部分行为都是社会性的。所以，催产素在人们的亲社会行为中发挥着重要作用。催产素是让人们感受社会性愉悦感的神经物质。

记住一点，是多巴胺让父亲看到表达爱、传达爱的可能，才开启了这场亲子游戏。在游戏中彼此间的互动让他们释放了大量的催产素，感受到了彼此传递出的爱。

这其中如果没有多巴胺制造的社会性可能——儿子因捕到蝴蝶而开心，他们恐怕都不会产生捕蝶的渴望和实际的行动。

父子俩兜兜转转追着蝴蝶跑了半天。蝴蝶也许是不想再逗他们玩了，用力挥动翅膀飞走了。他们看着飞走的蝴蝶非常的失落。父亲看到儿子不开心的样子，安慰儿子说："我们差一点就抓住它了，下次我们一定会抓住它。"在父亲的安慰下，儿子的情绪平复了些许。没过一会儿，他们就恢复了平静。他们能快速恢复平静，是因为多巴胺的又一个"好兄弟"血清素出现了。

血清素是调节情绪、稳定情绪的神经递质。它会控制和调节抑郁和焦虑情绪。血清素更像是稳定剂。当我们处于亢奋、焦虑的状态时，血清素会让我们回到平稳、平衡的状态。血清素水平低时，人们会出现情绪不稳定、睡眠障碍、抑郁、注意力无法集中等症状。所以，血清素水平的紊乱会影响我们的正常行为能力。父子俩在失落的状态下有血清素的加入才得以快速恢复到情绪平稳的状态。

其实，这看似是父子间的一场捕蝶游戏，实质是大脑中各种神经系统发起的一场协作大战。我们要明白的一点是，多巴胺、内啡肽、血清素、催产素这些神经递质在大脑中并不是此消彼长的关系，很多时候它们是协同发挥作用的。他们之间的作用关系是复杂的。多巴胺在这场捕蝶大战中发挥着至关重要的作用。它的存在是为了制造和渲染可能，激发我们的渴望和冲动，驱动我们。

我们来思考一个问题，如果我们感受不到、看不到可能，将会怎样？那对我们来说简直就是灭顶之灾。我们将寸步难行，更谈不上进步、超越和创造了。多巴胺让我们感受到和看到可能的存在，让我们燃起希望，想要变得不一样。多巴胺之所以对我们的行为影响巨大就是因为它与可能紧密联系在一起。我们做的一切始于可能。人活着不过"可能"二字。

有种理论认为，多巴胺是欲望分子，而内啡肽、血清素、催产素是当下分子。这使很多人认为当下分子让我们活在当下、享受当下。多巴胺让我们不断地产生欲望，想要更多。这种理论认为多巴胺让我们不能享受生活，对我们有负面影响。其实我想说的是，不管我们想要过什么样的生活，都是由多巴胺制造的可能驱动的。我们想活在当下同样是多巴胺制造的可能，让我们渴望活在当下。如果大脑中没有了多巴胺对当下的美好的渲染，我们同样不会享受当下。千万不要认为追求未来与享受当下有本质上的区别，没有多巴胺的渲染，当下和未来没有区别。记住一点，如果没有多巴胺，一切还没有开始就已经结束了。没有多巴胺渲染的价值和意义，恐怕不会有好坏之别和美丑之分。

那么，我们接着来思考一个问题，多巴胺为我们制造和渲染可能的深层目的是什么呢？答案是自我强化。通过我 10 多年来对多巴胺的深入研究和实践发现，多巴胺制造的可能是服务于"自我"这个对象的。多巴胺制造和渲染可能是为了让我们感知到那个可能的自我。一旦感知到可能的自我，大脑就会认为有个真实的自我需要塑造、需要实现，从而驱动我们去拥抱那个可能的自我，以此来达到自我强化的目的。自我强化就是保护我、表达我、实现我、感受我——体验自我感。比如，父亲之所以想要抓住蝴蝶，是他将抓住蝴蝶的可能与"自己是好爸爸"关联在一起，试图借助抓蝴蝶的行为强化自己是爱儿子的好爸爸；是自我强化的意志让他的大脑不断释放多巴胺，从而驱动他抓蝴蝶。自我强化的意志就是激活多巴胺的开关，也可以说，感受"自我"的意志就是激活多巴胺的开关。通俗的理解是，多巴胺在驱动我们"刷"存在感。

人们大部分的意志都是多巴胺所赐，认识的意志、思维的意志、记忆的意志、行动的意志……多巴胺在其中发挥着重要的作用，因为这些意志都服务于自我这个对象。这些意志的深层动力都是自我强化。这才使得多巴胺与我们的运动控制、动机、记忆、认知、感觉、情绪等诸多方面存在密切的关系。接下来，我们将层层深入剖析多巴胺是如何服务"自我"这个对象的。

3. 大脑是连接机器

大脑是如何进行自我强化的呢？答案是通过连接。大脑是个连接机器，它就像一部手机，一刻不停地在发送和接收着连接信号。神经科医生在人的大脑中植入电极，"监听"神经的活动情况，能听到神经脉冲发出的"啵、啵、啵……"的声音。这种声音就是神经连接时发出的脉冲信号。脉冲信号时刻发生在我们的大脑中。每次发出脉冲信号就是一次神经连接。正是因为这些连接信号，我们的大脑才会不断地产生各种念头、想法和感受。我们的想法、念头、感受是由大脑中神经间的连接转化形成的。

我们之所以会产生吃蛋糕的想法，是因为大脑中与这个想法相关的神经元产生了电化学反应——连接。这就好比一个神经元告诉另一个神经元"我想吃蛋糕"，另一个神经元告诉下一个神经元"我想吃蛋糕"，一系列神经元的反应让我们产生了"吃蛋糕"的念头。

多巴胺是一种神经调节剂，它调节着大脑神经之间的连接，发挥着催化连接的作用。大脑神经之间的连接强度在很大程度上是由多巴胺决定的。神经连接在多巴胺的参与下会一起放电，大大提升了神经连接的强度，如果没有多巴胺的参与，连接强度就会降低。也可以理解为大脑中的神经连接得到了多巴胺的驰援，我们大脑中吃蛋糕的闪念才会被"渲染"成一种强烈的吃蛋糕的冲动。神经连接得到增强才会驱动我们产生实际的行为——去买蛋糕，吃蛋糕。多巴胺在很大程度上催化了神经间的连接，让一个吃蛋糕的想法在大脑中迅速传开，让我们产生了吃蛋糕的冲动。我们要明白一点，如果没有多巴胺的参与，大脑中的那些念头和想法也许不会变得强烈，更不会转化成实际的行为。所以，我们能吃到蛋糕要感谢多巴胺。

神经连接被转成想法、念头、感受时才能被我们意识到、感知到。我们将感知到的信息叫作认知连接。比如，你认为红苹果是甜的。这就是大脑中产生了相应的神经连接，让感知到红与感知到甜之间存在关联，从而让我们产生了"红苹果是甜的"这样的认知。诺贝尔经济学奖得主丹尼尔·卡尼曼（Daniel Kahneman）认为，人类的大脑是"关联的机器"，在无意识或有意识地为词句、观念、图像、颜色等事物赋予意义和联系。也就是说，大脑时刻在事物之间寻找关联和制造关联。神经学家研究发现，多巴胺在大脑关联性学习中发挥着重要的作用，多巴胺可以促进大脑在事物之间建立关联。也就是说多巴胺参与了关联，促进了关联的建立。我们能在红和甜之间建立认知关联，多巴胺功不可没。

神经连接和认知连接都发生在大脑中，这也叫间接连接。间接连接是在大脑中对各种关联进行想象、模拟，从而体验到与事物的连接感。就比如你想象自己使用新手机，玩游戏时速度超快，大大提升了自己的战斗力。

间接连接是为了指导我们更好地与这个世界建立直接连接——驱动我们去体验和感受。大脑想象自己使用新手机，玩游戏时速度超快，战斗力倍增，这样的间接连接是为了驱动我们去购买一部新手机，直接感受它带来的美好体验。与手机的互动让我们感受到一种连接感。直接对事物进行操控、体验、互动，这种感受到自我与事物的连接感叫作行为连接或感官连接。行为连接是用户身处其中，用身体直接与事物连接。

研究发现，我们在玩游戏的时候得到他人的认同，或者吃美食、喝美酒等，都会激活大脑中的多巴胺。在行为连接中多巴胺的参与增强了我们对事物的好感。也就是说，很多时候我们在体验中感受到的美好是多巴胺渲染的，而不是事实真的美好。

在没有发生行为连接时，用户与产品的连接可以通过认知连接建立。比如，商家可以告诉用户这款零食低热、低糖、口感酥脆，让用户对产品建立认知连接。通过建立这种认知连接驱动用户消费产品。认知连接是在为用户制造和开启可能，促使用户去拥抱可能。反过来，行为连接也会塑造认知连接。比如，很多商家会让用户在对产品没有任何认知的情况下直接试吃、试用、试穿，就是试图借助行为连接来塑造用户对产品的认知连接。认知连接和行为连接是彼此塑造和驱动的。当然，认知连接和行为连接也在塑造神经连接。

从神经连接到认知连接，再到行为连接，这些连接都是服务"自我"这个对象的，终极目标都是与自我连接。

世间的一切事物之所以能够影响人们的行为，是因为它们与人们的自我建立了连接。这些无形的连接影响着我们的行为。牢牢地记住，没有连接就没有影响。一切始于连接。

4. 多巴胺驱动我们去"刷"自我存在感

那么，什么是自我连接？自我连接就是与自我建立连接。

我们强烈地渴望借助其他方式使自我可量化、可感化、可确定化——自我化。自我化就是让自我与各种事物、行为、思想、感受建立连接，使这些成为自我的一部分，从而让自我变得实在化、可显化、可量化、可塑化、可知化。

我们所认为的自我，其实是与这个世界建立的各种连接。我的爱好、我的工作、我的梦想等，我拥有的、我得到的都是与自我的连接。所谓的"自我"是一种关系性存在。各种关系是通过学习、承诺、信任、契约、目标、占有、互动等连接模式建立起来的。自我需要借助拥有的财富、得到的认同、权力的大小、影响力的大小等这些可以量化的指标变得可量化、可显化、可知化。今天的自我是自我化产物。没有这些连接对"我"的自我化，"我"就只不过是有局限的个体。这样的"我"来到世间做什么，又将去哪里？

同样，当我问"你是怎样的人？"如果你说自己是诚实的人、善于沟通的人、情商高的人，怎么证明呢？一定是你做了这样的事情，表现出这样的行为，你才认为自己是这样的人，别人才认为你是这样的人。决定我们是怎样的人的是我们做了什么、说了什么、有什么样的表现，是通过这些可显化，可塑化、可感化的方式与自我的连接塑造了我们。

大脑与这个世界建立连接，对不确定的、空虚的自我进行自我化，又是为了什么呢？大脑这样做的目的是自我强化，这也是大脑的终极目标。那么，什么是自我强化呢？自我强化是保护我、表达我、实现我、感知我、关注我，提升自我意识和感受。比如，感受到自我价值感、安全感、掌控感、驾驭感、成就感、能力感、使命感、认同感、归属感、方向感、目标感、优越感等，都具有自我强化功能。自我强化就是与"自我"连接来体验自我感。比如，你很想买几万元的手提包，这就是在试图让自我与手提包建立连接，让其成为自我的一部分。与手提包建立连接的目的是试图通过手提包来进行自我强化，感受到自己是时尚的、有品位的人。简单的理解就是，我们买价值几万元的手提包的终极目的就是要感受自己是怎样的人。整个过程是通过连接的形式实现的，拥有手提包，与手提包建立连接，再通过手提包连接到时尚和有品位的自我，从而感受到自我优越感和价值感。自我强化是通过连接实现的。

大脑的每次连接都为我们提供了一次与"自我"连接的机会，试图进行自我强化。而多巴胺在自我强化中发挥着重要的作用。日本大阪大学的研究者发现，当人们有意识或者无意识看到自己的脸时，比如在镜子中看到自己的脸，大脑中愉悦回路的多巴胺会被激活。研究者表示，看到自己的脸会激活大脑中的多巴胺，其实是大脑在对自我进行强化处理。当我们关注到"我"时，会让大脑意识到"我"是个真实存在的个体，产生强烈的自我感。得到金钱、吃到美食、得到他人的认同、拥有某物、迷恋某个行为等这些连接行为之所以能够激活多巴胺，就是因为这些连接行为具有自我强化功能。通俗的理解就是多巴胺在驱动我们去"刷"自我存在感。我们内在有多空虚、匮乏，自我强化的意志就有多强烈。

我们的大脑是服务于自我的。大脑是自我强化的机器。我在《自增长》中提到过两个关于自我非常重要的研究。一个是丹尼尔·韦斯曼（Daniel Weissman）的研究：大脑在分神的时候，有一些区域也是处于活跃状态的，这些脑区就是与自我相关的区域。丹尼尔·卡尼曼也指出，大脑平均3秒就会强化一次自我。我们做事情经常走神，就是大脑忙里偷闲去关照自我、感受自我，去刷自我存在感了。

另一个与自我相关的研究是马库斯·赖希勒（Marcus Raichle）于2001年发表论文，证实了大脑存在默认模式。也就是说，大脑在没有任务需要完成的时候，它的默认系统也在运作，而这些运行的脑区就是与自我相关的核心脑区——内侧前额叶皮层和后扣带皮层。所以别看你有时候什么也没有做，但是大脑并没有闲着，它始终都在与自我保持连接。大脑存在的核心目的就是驱动我们去不断地感受自我和关注自我。大脑始终都在检索这个世界与自我的关系，寻找自我强化的机会。自我强化的意志让我们感觉到"我是我"。

每个人都是自我强化的产物。一个人依赖什么模式进行自我强化，他就是什么样的人。有的人喜欢消费名牌商品，有的人喜欢追求内在的丰富，有的人喜欢说，有的喜欢做，有的人喜欢炫耀，有的人喜欢低调……一个人是什么样子，都是因为他们找到一种自己认同的自我强化模式。他们用这种方式来感受自我。他们在借助这种方式"刷"自我存在感。人与人的本质区别是自我强化模式的区别。

如果抛开和斩断自我与这个世界建立的各种连接，"我"就是有局限的个体——不可感、不可显、不可知、不确定、不可控、不可量化。斩断与这个世界的连接，自我就会迷失、瓦解。记住一点，我们生活在一个自我化的世界，这个世界构建的一切都是在为人们强化自我服务。所以，商家所有的一切行为都是围绕一个目标展开的，即为用户提供自我强化的渠道和工具。如果不懂这一点，你根本做不出对用户具有吸引力的品牌和产品。

5. 触发多巴胺的三个按钮

　　自我可以简单地理解为我们对自己是怎样一个人的认知。人们对自我的认知可以分为三个层面。第一，我认为我不是怎样的人，或者我不想成为怎样的人，简称"不是的我"。比如，我认为自己不是个小气的人，或者我不想成为一个小气的人。第二，我认为我是怎样的人，简称"是的我"。比如，我认为我是个有品位、有追求的人。第三，我想成为一个怎样的人，简称"更好的我"。比如，我想成为一个时尚的人，我想成为一个有能力的人等。自我强化就是围绕自我的这三个层面展开的。可以说，这三个层面就是自我强化的三个按钮。按动任何一个按钮，大脑中都会映射出自我可能的样子。我们把它叫作"可能自我"。可能自我会驱动我们产生保护自我、表达自我、实现自我的行为。下面，我们来具体看一下这三种可能自我是如何被唤醒的，让我们产生了怎样的自我感觉，以及驱动着我们怎样的行为。

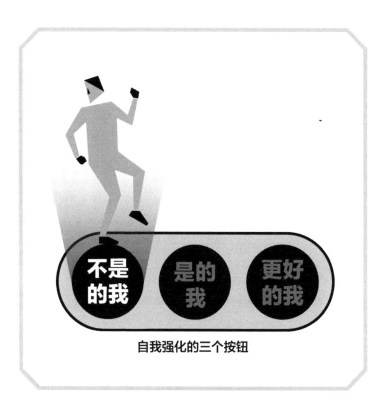

自我强化的三个按钮

（1）不是的我

　　激活"不是的我"的方法：暗示自我以落后、淘汰、不对、不好、不懂、不知道、错误、消耗等负面的状态存在，大脑中就会映射出自我不想成为的样子。比如，你还在犯一些低级的错误吗？你还在走一些弯路吗？你怎么还在这样做？这样的表达方式能映射出我们不想成为的自我。激活"不是的我"，我们会体验到孤独、失控、无助、错乱等负面的自我感觉。这些自我感觉会触发人们自我保护的意志，驱动我们做出回避、保护、逃避、抗拒的行为。

　　在现代商业社会，商家在为用户制造坑、弯、耗、错、痛等负面的可能。目的就是为了让用户感受到那个不是的、不想成为的自我，从而驱动我们的消费行为。产品和品牌是让我们避免成为"不是的我"的渠道和工具，这样产品和品牌才具有自我强化的功能。

自我强化的三个按钮

（2）是的我

激活"是的我"的方法：制造表达、展示、互动的空间和渠道，大脑中就能映射出"是的我"的样子。激活"是的我"，我们会体验到重要、价值、肯定、认可、掌控的自我良好感觉。这样的自我感觉会触发我们自我表达的意志，驱动我们表达、展示、模仿、追随的行为。我们用什么、穿什么、说什么、做什么其实都是在自我表达。微信、抖音、豆瓣等平台都是用户自我表达的空间和渠道。

生活对我们来说就是一场表演。你演成什么样子，你就是什么样的人。表演就是塑造大脑、自我塑造的一个过程，这就是神经科学家唐纳德·赫布（Donald Hebb）提出的神经可塑性原理。比如，你不爱说话只要装作爱说话，不断地练习去说，慢慢地，大脑神经连接就会得到重塑。结果是你真的变得越来越爱说话了。我们要牢记一点，是展示、表演、表达的过程让我们成就了"是的我"。现代商业就是通过用户对品牌和产品的消费，让用户感知时尚、进取等自我的存在。现代商业的核心功能还是自我强化功能。

自我强化的三个按钮

（3）更好的我

　　"是的我"与"更好的我"存在一些本质上的区别，"是的我"是我们认为自己已经是怎样的人了，渴望展示和表达出来。"更好的我"是我们认为自己还不是怎样的，渴望成为和实现。

激活"更好的我"的方法：给人们更美好、更高、更理想的标准，大脑中就会映射出"更好的我"的样子。激活更好的我，我们会体验到超越、实现、进步、提升、完美的自我良好感觉。这样的自我感觉会触发我们自我实现的意志，驱动我们努力、奋斗、追求、改变等积极正面的行为。比如，你一上体脂称，就会看到理想身材的标准，那些数据给了你一个新的标准，激活了"更好的我"，从而驱动你积极地锻炼，想要成为身材更好的自我。做品牌和产品就是让用户通过品牌和产品感知自己可以变成更好的自我，从而驱动用户借助品牌和产品来自我强化。

哲学家朱利安·巴吉尼（Julian Baggini）就曾经指出抛开自我谈心理过程和一个人的行为是不可能的事情。牢牢地记住，在品牌、产品中为用户虚拟和构建可能的自我，是打造品牌、产品的核心目标。因为只有可能的自我能驱动人们的行为，而且这种驱动模式是程式化的。在《黑客帝国》中有这样一句台词："你怎么知道是你想要，而不是程序想要？"其实，人就是被自我强化的意志驱动的机器。我们的大脑是被自我强化的意志格式化的，无论我们怎么升级和改变，都脱离不了自我强化的内核。

6. 多巴胺为我们开启和渲染"可能"

大脑的自我强化机制需要动力的支撑，不然就是个空架子。这就像一辆车设计得再好，没有燃油它也只是个空架子。而为自我强化提供动力的就是多巴胺。我们只知道多巴胺是动力的来源是不够的，我们还要知道多巴胺是怎样转化成能量的，毕竟只有能量才能产生驱动力。那么，多巴胺是如何转化成能量的呢？答案就是可能。多巴胺需要转化成可能，才能成为驱动我们的能量。当我们感知到可能时，大脑正在释放多巴胺。多巴胺之所以是驱动我们行为的核心动力，是因为它在为我们开启和渲染可能，它让我们看到、感知到可能的自我。我们买几万元的包、几百万元的汽车都是因为多巴胺为我们映射出了可能的自我，它在增强我们自我强化的意志，从而驱动我们去拥抱和追逐可能的自我。

人们的大脑中不断产生的脉冲信号试图让我们看到各种潜在的正面或负面的可能。而这些脉冲信号看似是无序的，实质是存在深层目的的，那就是"穷尽可能"。大脑是个穷尽可能的机器，在一刻不停地为我们搜索可能、制造可能、渲染可能。

多巴胺在穷尽可能的机制中发挥着至关重要的作用。2021年加州大学圣地亚哥分校的康拉德·福和他的团队发表的一篇论文指出，在小鼠的大脑中充满了不可预测的多巴胺脉冲。这种自发的多巴胺脉冲迅速出现在小鼠的脑皮层。甚至在没有愉悦的事情发生和对奖赏期待的情况下，大脑中也在产生多巴胺冲动。更加重要的是，小鼠可以对部分脉冲进行自主调节。研究者推测，在没有对奖赏的期望的情况下产生的多巴胺脉冲，可能是在促使小鼠进行觅食、寻找伴侣和进行其他社会性行为。这项研究对我们进一步认识多巴胺在搜索可能、制造可能方面发挥着重要的作用提供了有力的依据。也就是说，多巴胺脉冲是在促使我们去积极主动地解决和超越自身存在的各种局限。多巴胺脉冲好像在说："去看看冰箱里有什么好吃的、去看看网上有什么爆料、去看看同事需要什么帮助……"

　　另外，当我们大脑中产生一个想法，需要多巴胺增强的时候，这个想法才对我们产生实质性的影响。多巴胺是大脑细胞之间负责传递脉冲信号的"信使"。大脑脉冲信号制造的闪念就好比黑暗中燃着的火花。在多巴胺的催化下它才会燃烧——让一个念头变成一个故事、一个情景、一个画面、一种感觉——变成一种强烈的可能。比如在捕蝶大战中，当父子俩产生抓蝴蝶的想法时，是大脑释放了大量的多巴胺渲染了抓住蝴蝶后可能产生的美好，是这种可能产生的美好在不断驱动父子俩持续行动。多巴胺渲染可能是在增强大脑自我强化的意志，驱动我们去拥抱可能。

　　我们在考虑做什么、买什么时都会先评估可能的结果带给我们什么样的感觉。大脑具有模拟未来可能发生的事情的能力，而多巴胺在这其中发挥了非常重要的作用。美国和英国的研究者的一项研究发现，在大脑想象和构建积极的未来事件时，多巴胺的激活会让我们"高估"从这些事件中获得的快感和价值。多巴胺对未来的快乐和美好的预期在主观判断上有调节作用。研究者认为，在预期过程中提升多巴胺水平，会让大脑高估未来事件带来的快乐和美好。也就是说，多巴胺在为我们渲染预期的美好——制造美好的可能。

那么，多巴胺是如何让我们"高估"预期的呢？答案是正向幻想。当我们有一个目标时，如果能有大量的多巴胺对这个目标进行渲染，我们就会产生正向幻想。多巴胺通过激活我们积极、乐观、正面的想象来模拟达成目标的美好、路径和对自我的正面影响等。多巴胺会让大脑把目标幻想得过于美好、过于完美、过于重要、过于容易。正向幻想让我们感觉目标唾手可得。多巴胺在为我们渲染可能的时候好像在告诉我们："抓住这只蝴蝶，儿子一定会很高兴；如果刚才再快一点就会抓住它……"多巴胺渲染可能的目的是让大脑感受到事情的真实性、确定性、重要性。多巴胺让我们相信和坚信可能是存在的、重要的，这才让我们产生了积极的行为。是多巴胺的存在让我们对未来的期望变得不一样了。这一切更多是大脑中多巴胺生理水平的变化，而不是事情真的变得不一样了。

多巴胺不只是在驱动我们追求某个目标上发挥着积极正面的作用，它在我们对自我的认知中也发挥着积极正面的作用。多巴胺水平保持平衡的时候，我们会产生

"正向偏差"的自我认知。正向偏差是人们普遍认为"我既对又好，我掌控着自己的生活和未来"。这样的自我信念是人们保持积极乐观心态和身心健康的基础。研究发现，多巴胺与抑郁、焦虑存在关联。抑郁和焦虑与大脑中多巴胺水平的紊乱有密切的关系。多巴胺水平的紊乱导致人们不能再对自我保持适度的正向偏差，也就是不能再感知到自我正向的可能，因此才出现了抑郁和焦虑的状态。

记住一点，美好的可能和糟糕的可能都是多巴胺渲染的，很多时候并不是事实真的美好或糟糕。多巴胺存在的最大价值就是为我们制造和渲染可能，驱动我们拥抱可能的自我，从而实现自我强化的目的。

7. 多巴胺让我们的生活有可能

人类是存在局限的。大脑穷尽可能的机制是在试图超越感知到的各种局限。人们有多抗拒自身的局限，就有多渴望可能。可能中有超越局限和实现美好的机会。当可能与自我关联起来的时候，我们便感知到和看到了那个超越局限、变得不一样的可能的自我。所以，人类是被超越自我局限的可能驱动的动物。正面和负面的可能都能驱动人们的行为。负面可能驱动人们逃离的行为，正面可能驱动人们追逐的行为。人们看到／看不到可能，感受到／感受不到可能的自我，在很大程度上是由多巴胺决定的。

可能的自我并不是当下的、现实的、常态的我，这样的自我在我们看来是存在局限的。可能的自我可以超越这些局限让自我变得可能会更好、可能会更完美、可能得到和拥有、可能得到上天的眷顾、可能得到认同、可能避免烦恼等。可能的自我是可以让我们超越和突破自身局限的自我。

那么，多巴胺渲染的可能的自我让我们突破了哪些局限呢？多巴胺渲染的可能帮我们突破了四大局限，它们分别是身体的局限、社会的局限、时间的局限、无意义的局限。

身体的局限：我们存在生老病死的身体局限。比如，你很想精神饱满地完成今天的工作，但是你坐在电脑前一两个小时就会犯困。我们精神饱满的状态不可持续，这就是人的身体局限。喝咖啡、吸烟是我们超越身体局限，重新连接精神饱满的自我的途径。我们之所以选择这些途径是因为它们给了我们超越自我局限的可能。大部分让人欲罢不能的东西都可以短暂地让我们感受到超越了身体的局限，让我们感受到和看到一种可能。

　　社会的局限：人是社会性的存在。我们的生存模式造成了另一种局限——社会的局限。我们生活在一个竞争激烈的社会环境中，而我们生来得到的资源又是不平等的。别人有而我没有，别人漂亮而我不漂亮，别人的家庭条件好而我的家庭条件不好等各种不平等，就是我们的局限。这些局限让我们感受到一种深深的无力感。我们努力、奋斗的目的都是为了突破自身的局限，让自己变漂亮、变富裕等。拥有、得到、变成的可能，让我们感觉自己有得到认同、肯定、爱、尊重的可能。这让我们感觉活着有可能。现代商业的核心模式就是为我们制造局限的同时又为我们指了一条突破局限的途径，这就是每个商品发挥的功能。所以，我们需要不断地拥抱商家制造的可能才感觉自己有突破局限的可能。

　　时间的局限：我们来思考一下，可能存在于哪里？存在于未来。可能在未来，而我们却只能活在当下。只能活在当下就是我们的局限。无论我们期待什么、渴望什么，期待和渴望在未来才有可能，渴望和期待一旦进入当下就变成了事实。事实是什么？是确定和肯定，这其中没有可能可言。一旦可能进入当下，就成为事实，就没有了可能。所以，当下的事实就是我们的局限——事实就是局限。我们需要不断地、重复地进入下一刻，才能感觉到有突破事实的局限的可能，才能感觉自我活得有希望。也就是说，可能的自我只存在于未来，它不能与事实见面，一旦见面，可能的自我就会崩塌。所以，可能的自我永远无法触及，无法实现。我们要想拥抱可能的自我就必须不断地拥抱未来、不断地进入未来。这也是人们对"可能的自我"容易上瘾的深层原因。

无意义的局限：我们存在的最大局限就是存在的价值和意义。我们深受"我是谁？我存在的价值和意义是什么？"的困扰。我们需要不断地创造自我价值才能让自己的人生变得有意义、有价值。超越无价值和无意义的方式就是不断地为事物赋予价值和意义。这样一来我们才会感觉这些事情值得我们追求——有值得追求的事情，我们才感觉有突破无意义的局限的可能。而这其中事物的价值和意义更多是多巴胺渲染的，并不是事实如此。

任何能影响我们行为的事物都被赋予了某种意义和价值。拥抱有价值和有意义的事物让我们感觉自我的局限可以被突破。

一旦我们感受到自我局限，我们的自我强化意志就被唤醒。当我们感觉自我的局限被突破的时候，我们就会体验到强烈的自我感。突破局限的感觉就是在自我强化。

敢面对局限是因为多巴胺给我们制造了突破局限的可能，不然我们会陷入深深的绝望中，这对我们的身心健康是非常不利的。国内目前流行的多巴胺穿搭，在2021 年的时候欧美也曾流行过。当时，突如其来的疫情让人们深陷焦虑之中，人们深刻感受到了自身的局限性，体验到了强烈的无助和无力感，迫切需要借助一些方式来提升自信，重拾对生活的掌控感和主动权，最具创新性的时尚潮流——多巴胺穿搭便在此时出现了。多巴胺穿搭是利用鲜艳的颜色来积极主动地装扮自己，从而调动个人积极情绪的新潮流。比如，穿着高饱和度、高亮度的鲜橙色、亮黄色且款式个性化的服装。服装鲜艳的颜色和个性化的设计对人们的感官产生了强烈的刺激，可以让大脑瞬间兴奋起来，释放多巴胺，从而让我们变得积极乐观。在正面情绪的调动下我们会感受到更多的可能，更加积极乐观地面对生活。多巴胺穿搭是通过穿搭的形式发挥个人的主观能动性，强化自我掌控自己的生活，从而调节自我身心的平衡。不管这个世界多么阴郁，我们可以主动唤醒多巴胺，让生活充满色彩。这就是多巴胺的魔力所在，它让我们感受到突破局限的可能，给了我们突破局限的力量。突破局限是人们自我强化的核心动力。

在生活中人们为什么那么依赖化妆，为什么那么依赖美颜滤镜，都是因为它们让我们看到了更完美、更美好的自我。人们认为现实中这个实实在在的自己并不是真实的自我，那个美颜后、化妆后充满可能的自我才是真实的自我。那个能突破真实自己的可能的自我才是真实的自我。在我们看来，自我并不是指自己的现实，而是指自我的可能。自我指的是充满可能的"我"，待实现的"我"。人们之所以有这样的错觉，归根到底是人们骨子里抗拒有局限的自我。

有可能，我们才有前途，才有希望，才有变得不一样的可能。如果没有可能，一切既定，活不活、努力不努力、奋斗不奋斗都是一样的，人生一眼见底。如果没有可能，现状就是终点，意义和价值就是当下。没有可能我们就会变得绝望，没有行动力。这就是为什么积极乐观的人总是具有行动力，因为他们总是能看到可能；而消极悲观的人总是没有行动力，因为他们的消极情绪让他们看不到可能。看不到可能就无法产生驱动力。所以，可能就是一切。而多巴胺就是制造可能的"神奇魔法师"。

8. 多巴胺经济的核心目标是构建可能的自我

聪明的商家都知道，用户要的不是一件衣服、一杯咖啡、一本书，而是这一切为他们开启的可能的自我。可能才能成为自我强化的工具和渠道。

我们要明白一点，让用户渴望建立连接的是品牌和产品构建的一个个更理想、更美好的可能的自我。那些可能的自我将品牌与用户连在了一起。如果你深入地感受每个品牌，你就会发现每个品牌都在对你说"你是这样的""你不应该变成这样""这才你是应该有的样子"……每个品牌都在试图让用户看到可能的自我，试图成为用户保护自我、表达自我、实现自我的工具和渠道。

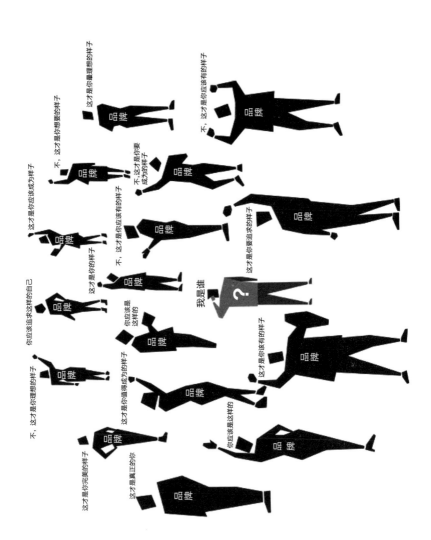

这个商业社会到处弥漫着多巴胺的味道，充满可能的诱惑。我有个同事在认识到这一点后，每次去逛商场都感觉每个品牌店铺的商品都好像在向自己招手。她感觉每个品牌都是在展示一个风格各异的她，看到一个品牌就好像看到了自己可能的样子。只要我穿上这个品牌的衣服就会变成美好的自我，用了它们的产品就会成为不一样的自我。而有些品牌就没有给人这种感觉，品牌塑造的可能的自我是模糊的、不清晰的、不鲜明的。这就是品牌的失败，它并不知道自身的定位。牢记一点，品牌和商家的深层目的都是为用户塑造自我，都是为自我制造各种华丽的"衣裳"。

我女儿小时候曾问我："爸爸，你是做什么的？"我该怎么回答她呢？告诉她我是研究用户行为的，做品牌优化的？她一定会蒙圈。我就说我研究她为什么那么喜欢爱莎。我问她："你为什么喜欢爱莎？喜欢与爱莎有关的服装和装饰？"她思索片刻说："我喜欢爱莎是因为她漂亮、美丽、有魔法。有了她的东西我就可以成为她那样，漂亮而且有魔法。别人欺负我，我可以把他们冻住。"变成爱莎那样就是她喜欢爱莎的原因。她试图通过与爱莎有关的事物与爱莎建立连接，变成爱莎那样完美和强大的人。一个 IP 吸引我们的是它让我们感受到的那个可能的自我。一个成功的 IP 能够让我们经历从自我局限到突破局限实现自我的蜕变，这才是 IP 的价值和吸引力所在。

能让用户从品牌和产品中感受到可能的自我，才会驱动用户的消费行为。这就是为什么很多主播告诉你"不要卖货，要推销人设"的原因。推销手机的时候，除了介绍配置、性能，更要强调该款手机带来的品质生活。这样做的目的就是将用户"更好的自我"投射在产品中来驱动用户的消费行为。

多巴胺经济的驱动力来自可能的自我。只要我们能为用户制造可能，就能驱动他们的行为。起初让你为之痴狂的某件名牌衣服，为什么你没穿几次，就将它封存起来，甚至连看也不想多看一眼了呢？这是因为它并没有像你想象的那样让你变美，显得有气质。你不能再通过它看到、感受到可能的自我。

但是，如果有一天你在网上看到某个博主在讲穿搭，忽然发现原来这件衣服还可以搭配出更好看的风格，这时被你封存的衣服就会重新与"可能的自我"建立连接。

你会渴望穿它。在整个过程中，衣服变了吗？没有。什么变了？大脑围绕它制造的可能变了。可能是什么？是事实吗？不是。那只是一种可能。它不一定能让你变得漂亮，显得有气质。多巴胺围绕它制造的某种可能在吸引你、驱动你，让你痴迷。

　　牢记一点，大脑迷恋和痴迷的是自我的可能。大脑迷恋某些事物都是因为它们成了将自我渡向可能的自我的工具和渠道。品牌和产品不能让用户感知到可能，没有增长的空间。多巴胺经济是靠可能驱动的经济增长模式。如果人们看不到未来可能的景象，也不会有经济增长的可能。商业创造价值的方式就是为用户制造可能和开启可能。

9. 多巴胺经济的强劲驱动力来自持续的可能

　　互联网、人工智能技术可以赋能实体经济。深层的原因是大脑要的是可能而不是事实。这些技术模拟的可能和创造的可能与实物为用户制造的可能，对大脑的影响是一样的。这就像我们吃到蛋糕会激活多巴胺，如果我们在游戏中模拟自己吃到蛋糕也会激活多巴胺。斯坦福大学的行为科学教授艾伦·赖斯（Allan Reiss）曾带领团队做过一项研究，了解被试在玩电子游戏时大脑中愉悦回路的反应情况。他们设计了用拖动鼠标的方式使领地扩大的小游戏。电脑屏幕上有一条垂直的分割线，将领地分割成左右两个部分。右边的部分有些小球，玩家点击小球使其移动。当小球碰到分割线，分割线就会向左移动一点，屏幕右边的"领地"就会变大。被试的目的是尽可能用鼠标点击更多的小球，让领地变大。通过研究发现，即便是这种虚拟的让领地变大的方式，也能激活大脑中的愉悦回路。

也就是说，大脑是被有关大小、好坏、对错的情感所调控的，而不是事实。因为这种情感与我是怎样的人关联在一起，它代表着我是好人还是坏人、对还是错、有没有能力等。游戏中的任何行为都与"我"是怎样的一个人紧密的关联在一起。如果玩家过了某一关，就意味着"我"是有能力的人，是思维敏锐的人；如果玩家过不了某一关，就意味着"我"是没能力的人。看看那些玩家通关时的表情，我们就会发现，虚拟的赢与真的赢的感觉一样，它们都能让大脑感到愉悦和兴奋。所以，只要我们能借助互联网技术和人工智能技术模拟社会、竞争、奖励、互动、情节、多少、好坏、对错、价值和意义等，就能实现对多巴胺的唤醒。这种模拟的可能就会成为人们自我强化的渠道和工具。这意味着人们很多时候不在乎事物是否真的对自己有用、有利，只要能对自我进行强化，只要能改变自我的感觉，人们就会沉迷。

　　实体经济的增长存在时间、空间的局限。在一个餐厅，每天顾客进店的高峰时期就是中午和晚上的两三个小时。而且顾客在店里停留的时间也是有限的。还有空间的限制，一个店铺就算客满能容下多少人？是不是非常有限？再加上顾客只有在用餐的短暂时刻才能来消费。这样一来，商家与顾客的连接时长、深度、模式都会受到限制。但是如果结合手机客户端和互联网技术与用户进行深度连接就能突破实体经济的局限，从而提升增长的空间。

　　瑞幸咖啡能够起死回生的其中一个原因就是它与顾客的连接模式实现了延伸和突破。瑞幸咖啡的大部分店铺中只设置了少量的位子，甚至没有。它将与顾客的连接更多地导入了手机客户端。顾客无须走进店铺就能与商家互动连接。顾客在上班的路上可以打开 App 点一杯咖啡，当顾客到了公司楼下咖啡已经做好了，顾客直接拿着咖啡上楼。这样一来，店铺与顾客连接就成了商家与顾客多个连接点位中的一个。手机客户端让商家与顾客的连接实现了扩延和突破——打破了传统咖啡店到店消费的单一连接场景。这样一来，商家与顾客的连接就会更加深入，就可以脱离实体场所与顾客连接互动。当瑞幸咖啡出现负面风波的时候，如果只有实体店的连接模式，顾客就很容易受到负面影响不再到店消费。但是当顾客发现瑞幸的线上客户端还"屹立"在那里，还在不停地与自己互动时，他们就会认为瑞幸咖啡并没有受到什么影响，自己还可以低价买到咖啡。所以，多巴胺经济是与用户连接模式的深化和突破。因为连接模式决定与用户关系是否稳固，决定是否具有增长空间。

耐克曾推出了一个智能系统，叫作"Nike+"。该系统在鞋中内置了一个无线的计步器，它可以将用户跑步时产生的数据上传到在线服务平台。在这个平台上，用户可以直观地获取自己的行走步数、距离，以及身体数据。而且系统可以将数据分享给好友，与其他用户进行比较和相互挑战。这样一来，一双普通的鞋在智能技术的赋能下，就彻底突破了一双鞋本身的局限。智能科技对鞋的赋能为用户创造了更多可能，让用户能时刻感知到自己身体的变化，甚至还可以借助这些数据与他人进行互动交流等。智能科技将一双鞋与用户更加紧密地连接在了一起。智能家居、智能穿着等都是在借助人工智能技术开拓与用户的连接模式。这并不仅仅是为了便捷，更重要的是深化与用户的连接。多巴胺经济的核心目的是与用户建立深度连接。

如今手机似乎成了我们身体的一部分。手机有这么大的魅力，关键是因为它在不断地为我们开启可能。手机上那些吸引我们的应用都是能不断为我们开启可能的应用，比如抖音、微信、京东、小红书等。每次你在京东下单都是在给自己制造一种可能。微信就不用说了，你一刻不关注就会担心错过好友的留言和动态，它时刻在制造着可能。抖音和小红书等内容平台会教你用一个空气炸锅做各种美食的方法，以及一件衣服的 30 种搭配方式等，这些内容都是在为用户开启可能、制造可能。这些内容让用户看到了更多的可能。这些使用率和关注度高的应用的底层逻辑就是多巴胺驱动。一个好的手机应用就是一个多巴胺能工厂，它可以持续地为人们开启可能，让人们始终感到活着充满可能。

数字和智能科技对实体经济的赋能真正拉开了多巴胺经济的大幕，显示出多巴胺经济的魔力。马云曾经说过："如果过去的互联网技术只是让很多企业活得好，那未来的互联网技术是很多企业活下去的关键。"这其中关键的是商业的竞争已经进入了深度优化的阶段。实体经济和传统互联网经济增长在很大程度上受时空和实物的局限，人们只有借助数字科技和人工智能科技的深度赋能才能突破时空的局限与用户建立深层紧密的连接，这样可以最大化地发挥多巴胺的驱动作用。数字和智能科技会为多巴胺经济增长提供无限大的空间和强大的动力。它们可以将商家对多巴胺的调控发挥到极致。我们正在进入多巴胺经济增长的新时代。

在未来，人工智能得到深度的发展，会涌现出一大批像 ChatGPT 那样深度智能化的工具。在未来，我们可以在线试穿各种衣服、尝试各种的妆容、体验各种惊险刺激的冒险等。多巴胺经济会在人工智能科技的加持下快速腾飞。在未来，人类的生存方式将会发生本质上的改变。人们创造价值的方式将会彻底改变。我们不再需要朝九晚五地去上班，我们不再需要风吹日晒地送外卖，我们不再需要整天在直播间喊破嗓子卖货……未来人们创造价值的方式将彻底改变。我们根本不用担心会被人工智能替代。我们将会步入一个新的创造自我价值的生存模式。如何借助互联网和人工智能技术模拟可能、创造自我价值来深度驱动人们的行为，是我最近几年研究的重要课题。它是多巴胺经济发展的动力，也是未来经济的新增长点。

　　人类追求的是自我，而自我追求的是可能。人是被可能驱动的机器。哪里能最大化地满足自我对可能的需求，人就会在哪里。牢牢地记住一点，哪里有可能，哪里就有新的增长。如果你能认识到这一点，就真正搞懂了什么是用户，抓住了用户的本质和商业的本质。未来的商界谁主沉浮，就看谁能为人们持续开启可能。

　　我们知道了触发多巴胺的是自我强化的意志，多巴胺的存在更多是在驱动我们去连接自我。但是，连接并不是一种一成不变的状态。连接有 6 种状态，分别是：建立连接、强化连接、固化连接、超级连接、切断连接、随机连接。做文案、运营、策划、广告、营销等，其实都是围绕连接的 6 种状态展开的。这 6 种连接模式就是调控用户大脑中多巴胺的 6 个"控点"。掌握了这 6 个控点的触发机制，我们就可以借助多巴胺的力量来驱动用户的消费行为。接下来，我将深入地和大家分享这 6 个控点是如何调控多巴胺的，以及我们可以采取哪些方法和技巧来人为地调控这些控点，从而影响用户的消费行为。

第二章

多巴胺控点一：建立连接

用户大脑中的连接是如何
被"无感植入"的

1. 大脑的默认意志是连接

我们要想调控用户的行为，首先要与用户建立连接，因为大脑是通过连接来自我强化的。所以，一切是从与用户建立连接开始的。而用户建立连接的渴望源自他们从信息中嗅到了自我强化的可能。

我们先来思考一个问题，我们漫无目的地逛街与带着明确目的逛街的状态一样吗？当然不一样。一种是无意识的意志状态，一种是有意识的意志状态。无意识的意志状态并不是指大脑不带任何意志。大脑时刻都在试图进行自我强化，它的默认意识是时刻期待好事发生，或者制造好事发生的机会。前面我们说过神经科学家的研究发现，大脑在有奖励期待时和无奖励期待时都会产生多巴胺脉冲。这就是说时刻期待好事的发生就是大脑的默认意志。并不是没有明确的目标，大脑就没有意志。默认意志已经与我们融为一体，我们意识不到它的存在，但是这并不代表它不存在。这就像我们完全意识不到自己的生命时刻依赖氧气一样，它已经与我们融为一体。

当我们明白了大脑有默认意志的时候，再来看科学家们对多巴胺的研究，就会发现多巴胺存在的真正意义是什么了。

剑桥大学的神经心理学家沃尔弗拉姆·舒尔茨（Wolfram Schultz）教授与同事做过一系列关于多巴胺的研究。在其中一项研究中，他们训练猴子观看电脑屏幕上红色、绿色、蓝色三盏灯（实验中采用的视觉信号并不是三种颜色的灯，而是几何图案。为了便于大家对实验的理解，用三种颜色的灯来表示三种图案）。这三盏灯会分别闪烁 1~2 秒。当绿灯闪烁 2 秒后，放在猴子旁边的一根管子会流出果汁，而当红灯和蓝灯闪烁时，果汁不会流出。与此同时，研究人员观察猴子大脑中多巴胺的情况。

首先，研究人员设置在所有灯都没有亮的情况下，让管子里流出果汁并让猴子喝到。当猴子从管子中喝到果汁时，研究人员发现猴子的大脑中释放了大量的多巴胺。有些神经学家认为这是猴子喝到果汁感到愉悦，或

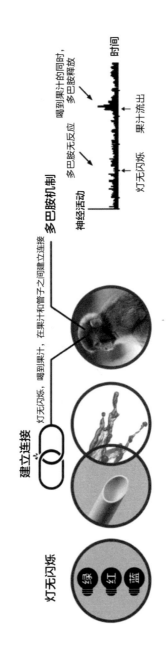

者说是猴子获得奖赏才释放了多巴胺。是这样的吗？其实，并没有这么简单。

沃尔弗拉姆·舒尔茨认为多巴胺并不是对实际奖赏的反应，而是对预期奖赏误差的反应。预期奖赏误差是指实际的奖赏超出了大脑的预期。实际的奖赏大于预期奖赏才激活了多巴胺。猴子的大脑是一个连接机器。让猴子处于陌生的环境中，它的默认意志就是搜索和检测环境中的事物与水、食物、安全的关系。大脑快速发送多巴胺脉冲信号，这其实是大脑的"默认意志"激活了多巴胺脉冲。默认意志始终在发送多巴胺脉冲，发起神经细胞之间的连接，从而驱动猴子积极主动地与食物、水建立连接。这是猴子大脑中的默认期待，默认渴望。猴子意外地喝到了果汁——这是实际的奖赏。这时实际的奖赏大于预期，使得猴子的大脑中的多巴胺被激活。简单的理解就是发生意料之外的好事激活了大脑中的多巴胺。

多巴胺自我强化理论认为大脑的默认意志是不断地通过连接来进行自我强化的，一旦获得一个新的连接，大脑就会释放多巴胺，借助愉悦感来标记这个连接。猴子大脑中释放多巴胺是因为猴子意外获得了一个新的连接——猴子知道了果汁和管子存在关联，才促使大脑释放了大量的多巴胺。猴子意外喝到果汁释放多巴胺有两个功能，一个是通过愉悦感来标记连接——通过感受标记果汁与管子之间存在关系。自我强化理论认为愉悦感是对连接状态的反馈和表达。当大脑建立新的连接时，如果大脑无法识别和感知连接的状态，那么，连接对大脑来说就没有实质性的意义，就不能对个体的生存发挥指导性的作用，因为连接只是一种状态。我们要想感受到这种连接的状态，需要借助感受和感觉。感受和感觉是在标记连接和对连接进行编码。感觉是对连接状态和结果的感知和识别。感受是衡量连接状态的标尺。

多巴胺通过感觉和感受来告诉我们连接的状态是怎样的，以此来调控我们的连接行为。正是连接与感觉的这种关系，让我们只是认识到了多巴胺与愉悦感、快乐有关，而没有真正意识到感觉更多是连接状态的表达。

猴子意外喝到果汁释放多巴胺的另一个功能是为了驱动猴子的重复行为。猴子喝到果汁感到愉悦，是多巴胺在增强猴子重复喝果汁的渴望，驱动猴子重复与果汁建立连接。

　　洛雷塔·布莱宁博士的研究发现：当人们在饥饿时找到食物，大脑中会释放多巴胺。多巴胺会在神经元之间建立连接。当吃到食物的场景再次出现时，大脑就会再次分泌多巴胺，驱动人们去吃食物。这时大脑便围绕食物形成了一个多巴胺回路。这就是多巴胺发挥的两个功能，一个是建立连接，另一个是重复连接。人们之所以会重复做一些事情，比如重复吃自己喜欢的食物、做自己喜欢做的事情等，在很大程度上是多巴胺调控的结果。

　　我们对事物的感觉更多是受多巴胺调控的。你在吃薯条时，刚开始感觉很好吃，而在狼吞虎咽之后，对薯条的好感就消失了，甚至不想再吃了。我们对薯条的感觉怎么变了呢？很显然，是大脑用好吃的感觉驱动我们重复吃，用难吃和饱腹感让我们停止吃的行为。我们来思考一个简单的问题，一切疑问就解开了。如果在一件事情中你没有体验到美好的感觉，你会渴望重复做这件事吗？所以好吃和难吃都不是我们对薯条的真实感受，而是大脑在用感觉调控我们的行为。研究发现，多巴胺会对食物和水中的营养成分进行反应。多巴胺可以追踪饮水和吃食物后身体状况的变化，以此来调控我们对食物和水的需求。人们饮食和饮水的信号在很多时候是通过多巴胺能神经元来调控机体响应的。

食物好不好吃在很大程度上是多巴胺标记的结果，要不要重复吃和继续吃是多巴胺调控的结果。我们的味觉、视觉、听觉、触觉系统有一套触发多巴胺的模式。只要符合这些模式，大脑就会喜欢，就会激活多巴胺（在今后的作品中，我会详细地给大家介绍关于感官连接触发多巴胺的相关模型）。

我们要深刻地明白一点，大脑中建立的连接更多是自我信念，而不是事实，目的是为了自我强化。很多时候，事物之间并不一定存在这种连接和必然关系。就像在实验中，管子与果汁的连接是由实验人员控制的，而猴子却相信这两者之间存在必然联系。这更多是猴子的信念。与大脑建立连接就是让用户对产品和品牌形成一种信念，而这种信念具有自我强化的深层功能。

商家与用户的关系无一例外的都是从建立连接开始的。连接就是我们将产品和品牌与用户的大脑连在一起。没有连接，我们不能影响用户的行为。所以，我们所做的一切工作都是为了与用户建立有效的连接，以及借助多巴胺的反应模型来调控这个连接，这样才能有效地影响用户的行为。所以，做产品和品牌的第一步就是在用户的大脑中建立连接。记住，一切是从连接开始的，没有连接，商家与用户就没有关系。而建立连接的方法决定了连接是否有效。接下来我就和大家分享 5 种高效与用户建立连接的方法。

2. 无感植入之一：感觉牵引

我们所做的文案、运营、设计、营销、广告等一切工作都是在塑造用户对产品和品牌的感觉，有感觉才有连接。所以，不管你做什么都要问问自己："我要传达什么理念和概念？简约、环保，又或者是原生态？我这样做能让用户体验到 ×× 感觉吗？"感觉才是你与用户有效互动的核心。建立连接就是在塑造用户对产品的感觉，感觉决定连接。我曾在《带感》这本书中详细地阐述了让产品和品牌"带感"的方法和原则。大家可以去阅读。在此我主要和大家分享一种方法，那就是感觉牵引。

我们来思考一个问题，用户的大脑中有什么？用户的大脑中有的是与各种事物建立的连接。这些连接都与大脑对事物的感觉关联在一起。感觉牵引就是将用户对事物的某种感觉牵引到产品和品牌中来，让用户与产品建立连接。当我们将用户既有的某种感觉牵引到产品中时，用户就会对陌生的产品获得一种熟悉感和掌控感。这种熟悉的感觉对自我有强化功能，将这种熟悉的感觉牵引到陌生的产品中时，大脑就会认为产品对自我有强化功能。这样一来，产品就与用户建立了连接。

我曾经看过一个博主品评咖啡的视频。他对 10 款速溶咖啡进行了评价。他对咖啡的评价很有意思，当你看完后，也会像我一样对某一种咖啡产生好感，而对另外几款咖啡产生厌恶感。他是怎么做到的呢？他采用的就是感觉牵引的方式。

我们来看一下他对其中 4 款咖啡的评价。

A 款咖啡：入口后有一股菜板没洗干净的味道，发麻……还有点热干咖啡的塑料味。

B 款咖啡：口感厚实，入口时不酸，尾端有一点酸，还有点白薯的味道……整体很像中药没有加糖的感觉，酸苦酸苦的。

C 款咖啡：味道很水，有一点白薯皮的味道，是白薯烤煳了的味道……时间久了，就会有陈醋的味道。

D 款咖啡：口感很纯粹，果酸的味道均衡，没有怪味……余味有点巧克力的味道，温度稍微降下来后，会有细微的果酸，但是不会太过。

看完他的评价，你喜欢哪一款咖啡？是不是 D 款？因为他评价咖啡的时候就是在我们的大脑中建立连接。借助我们既有的感觉来塑造大脑对咖啡的认知连接。他将 A 款与菜板没洗干净的味道关联在一起；将 B 款与中药的味道关联在一起；将 C 款与陈醋的味道关联在一起；将 D 款与果酸的味道关联在一起。前面 3 款都与咖啡不该有的味道关联在一起，而 D 款咖啡与果酸关联在一起，这是咖啡应该有的一种味道。评价咖啡的过程就是塑造大脑对咖啡认知连接的过程。

调控连接就是调控感觉，调控感觉就是调控多巴胺。要想通过感觉来调控连接，就要遵循可感原则。可感原则体现在两个方面：一方面是感觉牵引要牵引的是人们对事物的普遍感受，而不是一些独特的、个人化的感觉；另一方面是牵引用户大脑中对某些事物固定的感觉，而不是不确定的不可描述的感觉。就像这位博主将人们对醋、菜板、中药的感觉牵引到咖啡中来影响用户对咖啡的感觉。这其中醋、菜板、中药这些事物在人们的大脑中的感觉是普遍的、有共识的。这样的感觉才能影响我们对咖啡的判断。所以，要想让人们对一款饮料产生天然清爽的感觉，就可以将清晨露水的清透和凉爽感牵引到产品中；要想让一款香水有阳光的味道，就要将阳光的温暖感和炙热感牵引到产品中。露水、阳光都是人们很熟悉的事物，人们对它们的感觉也是有共识的。这就是通过感觉塑造连接的第一种方法，将人们熟悉的感觉牵引到陌生的、没有认知的产品中来，从而塑造人们对产品和品牌的感觉。

还有一种感觉牵引的方法是在人们接触产品的时候，借助其他事物制造正面的情感，从而影响人们对产品和品牌的感受。这种方法与吊桥效应如出一辙。吊桥效应是当你走在吊桥上，感觉心跳加快的时候，如果这时从你身边走过一个女孩，你会认为是这个女孩让你心动了。原因是当人们感知到某种身体情绪的时候，大脑会习惯性地从环境中找线索。这时人们与产品建立连接的机会就来了，商家可以抓住人们的这种心理将美好的感觉牵引到产品中。

　　主持人窦文涛曾在节目中说过自己的一种心理现象："当我吃着一盘热气腾腾的饺子的时候，我感觉不孤独了，就好像有人陪着自己。"这就是感觉传递和牵引的作用。心理学上有个经典的效应叫热咖啡效应，证实了这种感觉传递现象的存在。劳伦斯·威廉姆斯和约翰·巴奇在一项研究中发现，让被试握着一杯热咖啡来阅读一段人物描述时，被试会更喜欢这个人物。如果被试拿着一杯冷咖啡来阅读这段文字，被试更不喜欢这个人物。这就是被试将从环境线索中获得的某种鲜明的感觉牵引到了正在接触的事物上，从而影响对事物的判断。

　　星巴克播放的音乐是经过精心挑选的。星巴克会挑选一些轻松惬意的音乐，目的就是将顾客对音乐的感觉牵引到咖啡中。我们要意识到一点，打造产品和品牌的时候，搞气氛是非常重要的，因为氛围可以改变用户对产品的感知。

　　感觉牵引可以帮助商家塑造产品和品牌在用户心中的认知，也会增强用户对产品和品牌的记忆。前面的试验中我们说到，猴子意外喝到果汁，大脑释放了多巴胺。多巴胺此刻产生的一个重要的作用是促使猴子记住这个连接，也就是多巴胺在促使记忆发挥重要的作用。一项研究发现，新奇的事物可以激活大脑中的多巴胺促进大脑记忆。当大脑遇到新奇的事物、意外的惊喜时会激活大脑中的多巴胺，如果在这个时候出现产品和品牌信息，大脑就更容易记住。这就是广告创意非常重要的原因。好的广告创意可以激活大脑中的多巴胺，多巴胺会促进大脑对广告产品的记忆。这就是先借助一些新、奇、异的信息唤醒多巴胺，再借助多巴胺的作用来影响用户对产品的态度和记忆。将产品与新、奇、异的信息关联在一起，也是塑造用户对产品感觉的方法之一。

我们要牢记一点，有感觉才会有连接。当感觉产生的时候，大脑就会去寻找引发感觉的对象。这就是产品和品牌与用户建立连接的机会。抓住这个机会，大脑就会在不知不觉中与产品建立连接。记住，有感觉才能达到自我强化的效果，才会激起大脑连接的意志。

3. 无感植入之二：行为优先

在这个智能化的时代，如果你还在用 20 年前的广告思维与用户建立连接，效率会很低。这也是商家普遍认为引流的费用越来越高的原因之一。用户在看到广告时，很容易手指一划，就给广告判了"死刑"，根本不给你展示的机会。如今已不再是用户被迫接受一切的时代了，主动权和自主权更多的在用户手中。

在这种情况下，引流时与用户的互动就变得非常重要。你发的信息能不能在一瞬间与用户建立连接，才是最重要的事情。在这里，我和大家分享一种与用户快速连接的方法：行为优先。行为优先就是一上来不说废话，优先诱导用户的行为，然后通过行为来影响用户对产品的感觉。

诱导用户的行为来影响用户对产品的感觉，首先不要让用户溜走。那么什么样的信息才能让用户停下来呢？我们可以回想一下在刷抖音的时候，什么内容能够让你停下。我们对抖音的流量研究发现，那些能挑战用户自我、验证用户自我的内容往往能激发用户互动的冲动，让用户停下来。比如，你能一笔画出这个图形吗？你的心理年龄是多少？你猜猜博主在说什么？这样的内容往往更能刺激用户积极互动。这是因为用户有自我验证的需求。大脑渴望解决问题，渴望得到反馈和认可。大脑渴望通过解决问题来进行自我强化，来感受自己的能力和对事物的掌控感。就好比大部分人都认为自己是聪明的人，但是这种自我认知如果得不到验证，就只是自我认知。当这种自我认知得到验证时，用户才会有满满的自我感。

有一家麦当劳在店铺前设立了一个落地的灯箱广告，顾客只要对着灯箱喊"啊"，灯箱屏幕中被盖起来的冰激凌照片就会随着喊声一点点露出来。只要顾客肺活量足够大，就能将遮住冰激凌的海报"喊"出来。成功的顾客可以免费获得一个冰激凌。看到这种情景，路过的顾客纷纷排队想要挑战一下。这就是将产品信息与自我验证关联在一起激发了顾客积极地参与。这个过程中的内容和形式并不是最重要的，与自我的关联方式才是最重要的。

有一个餐厅为了提升翻台率，服务员看见顾客吃完一道菜就赶快上去收盘子，看见顾客杯子里没水了就上去倒水。这会让顾客感觉商家在赶自己走，这样的体验极其糟糕。其实你只要稍微变换一下思路就能让顾客自觉自动地快吃、快走。你只要告诉顾客，45分钟之内吃完，就可以返50元代金券，下次消费可以直接抵现金使用。这样做，一来会激活顾客自我挑战的意志——激活顾客赢的意志——借助赢来自我强化；二来就将商家让顾客快吃的意志变成了顾客自我挑战、自我强化的意志。这个策略既提升了翻台率又激活了顾客的再度消费的欲望。商家的生意就会既叫好，又上座。

还有直接导入行为，不提主张和诉求，先与用户互动。有的视频内容一开始就问："以下这些事你做过没有？做过的扣1，没有做过的扣2。"这就是不做任何铺垫，先让用户参与互动——先与用户产生连接。当用户看到这个问题，即便不在公屏上打出1或者2，也会在大脑中回想自己是否做过这样的事情，在自己的心中打出了1或者2。这时用户就已经参与互动了。

直接导入行为就是什么信息都不传达，直接给用户目标，让用户不假思索地对目标做出反应。在大促来临之际，用户一点开网购平台，屏幕上会直接下红包雨。用户看到红包雨就会做出模式化的反应——疯狂点击。直接给用户目标，会将用户导入一个盲区，让用户认为自己没得选，只能接招，而忽视了自己有跳过的选择。

有一些社会实验就采用了这种方法。在大街上，研究者看到迎面走来的路人直接伸出拳头，想要与路人碰一下拳头。大部分路人都会无意识地伸出拳头与对方碰一下。碰完拳头，研究者会伸开拳头，给对方一块巧克力作为奖励。我们发现，每个得到巧克力的人都非常开心。直接给目标会激发人们的无意识反应，使人们不由自主地参与互动。如果用户行为产生后再给用户一些好处和奖励，这会让参与互动的人们有种强烈的自我感觉——认为自己天生就是容易亲近、容易为他人伸出援手的人。我们也可以将这种方式运用到经营中。比如，我们可以故意将餐厅门口的易拉宝放倒，当路过的人把易拉宝扶起来后，会看到易拉宝上写着："您是个乐善好施的人，若您进店消费则享 7 折优惠。"你认为这些路人会放弃这次消费机会吗？大部分人是不会的。这其中重要的是将行为与"我"是怎样的人关联起来，这样一来这个行为就成了自我强化的渠道。

还有的行为优先的做法是给用户更多互动和接触的机会。手机体验店的服务员非常友好，他们不会限制用户去试用产品。用户在店里想待多久就待多久。他们之所以这样做，就是为了不打断用户与产品的连接，让用户更好地沉浸在与产品的连接中。有一些咖啡厅，尽量地减少服务员的引导，让顾客发挥自己的自主性。在顾客推门进入的一瞬间，商家就要采用各种方式调动和激发顾客的行为，让顾客深入地参与到与商家的互动中来，从而加深顾客对品牌和产品的感觉。比如，顾客自己选咖啡杯，自己选咖啡，自己拿甜点，自己冲咖啡。商家试图诱导顾客的行为，让顾客通过自我的感受与产品建立连接。

如果我们只是看着一个毛绒玩具，而不去摸，我们是感受不到那种亲肤感的。很多时候没有行为的诱导，是不会产生感觉的。有家面包店，平时的客流并不大，但是他们在结账的柜台前摆放了导流杆，顾客要想结账，就需要刻意绕一下。这样的设置就让顾客意识到平时人很多，需要排队。如果没有这个设置呢？顾客是不会有这种感觉的。这都是为了影响顾客的感觉。汽车 4S 店有试驾、在线课程有试听、化妆品有试用装，这都是商家试图通过导入顾客的行为来影响顾客对产品的感觉。借助行为导出顾客对产品的感觉不同于借助感觉牵引来影响顾客对产品的感觉，行为导出的感觉是直接的、深刻的。

心理学中有个"一致性原理"，就是人们的行为与认知趋向于保持一致。这表明人们对产品的认知会影响自身的行为。比如，我们认为这个产品不环保，所以从来不购买。同样，我们的行为也会反过来影响我们对产品的认知。比如，我们在超市里将一个产品拿在手上长时间没有放下，这时大脑就会认为我们喜欢这个产品。行为优先在很大程度上是让身体先"说话"，让身体帮助大脑做出决策。当你身在其中的时候，大脑就会默认"我喜欢，我感兴趣"。

之所以存在一致性原理，深层逻辑还是大脑有自我强化的意志，大脑渴望体验到内外统一、协调一致的自我。大脑认为自己是主人，如果大脑不认同身体的行为，我们就会产生一种错乱感，这让我们感到自身存在巨大的局限。大脑为了避免这种错乱感，趋向于行为与认知保持一致。

4. 无感植入之三：连到即得到

我们经常看到餐厅服务员在商场电梯口发宣传单。但是大部分宣传单的内容都是在介绍餐厅和菜品。其实这样的宣传并没有什么效果。而有一家餐厅的宣传单却别出心裁。他们发的不是普通的传单，而是 30 元的赠菜券。这张赠菜券可以兑换价值 30 元的一道菜。如果顾客正要用餐，那么他们就有了走进这家餐厅的理由。如果顾客没有用餐的需求，也不会轻易将这张卡扔掉。因为扔掉意味着亲手丢掉 30 元。他们会留着下次用餐的时候使用。这就是"连到即得到"的方法。"连到即得到"就是让用户接触到产品信息的时刻有所得。

我们一定要明白一点，与用户的连接机会是非常有限的。如果在与用户连接的瞬间不能让用户有所得，那么我们恐怕再也不会有与用户连接的机会了。所以，连到即得到是抓住当下的连接机会的最佳方案。用户所得之物分为两种，一种是连到就要让用户得到一个具体的好处、利益、奖励。就像 30 元的赠菜券，顾客在拿到它的瞬间就与自我建立连接，将这 30 元标记为"我的"。

很多用户都会收到这样的信息，×× 商城给你发了一条短信，提示你："尊敬的用户，您账户累计 ×××× 元卡券将于 2022 年 2 月 15 日过期失效，请尽快（一个链接）兑换智能家电数码产品、羽绒服等商品。"大部分用户在初次看到这样的短信时都会不自觉地点开链接查看。结果发现，可以兑换的商品除了要卡券的积分，还需要付钱。再仔细一看会发现，要付的钱基本上与各大平台上该商品的定价一样。积分基本没有什么价值，只是商家玩的一种小把戏，真正的目的是让用户掏钱来买这件商品。这是一种变相的推销方式。其实用户并不是这个商城的用户。一上来直接给用户一些积分，这些积分虽然没有价值，兑换不到任何产品，但是当用户得到时，这些积分就成了用户自我的一部分，就在用户心中打上了"我的"标记。大脑自我强化的意志来自将自我的资源价值最大化。如果大脑直接放弃这些积分，就会感觉自己不能将自我的资源价值最大化。这会让用户有一种无能感，深深地感受到自我的局限。大脑为了消除这种负面的心理感受会驱动用户继续投入来强化自我掌控感和价值感。免费给的积分本身毫无价值，它的价值来自在用户看到信息的瞬间大脑将其标注为"我的"，这才使它有了价值，它才有了驱动人们消费以把这些积分兑换掉的资本。

很多手机应用在推广的时候也会采用这种方法，只要用户下载应用即可获得 20 元现金。这就意味着用户看到信息的同时得到了 20 元。20 元就好像已经在自己的口袋里了。如果用户不去下载应用就好像丢了20元。结果用户还是下载了应用。这就是看到即得到的效果。当然，看到即得到，并不仅限于积分和现金这些具体的东西。比如，有个汉堡品牌在手机上推出了一款1元的汉堡。1元的汉堡相当于白送，用户只要看到这个信息就会抢购。这样一来，用户到店兑换汉堡的时候，就可能会消费更多。

让用户有所得并不单指得到好处、得到利益，也可以是得到机会和幸运。让用户看到信息的瞬间获得一次抽奖或者体验的机会，比如转一次转盘、从箱子中摸一个球、砸一个金蛋、体验一次美甲等。

同样，商家也可以让用户在连接的瞬间感到幸运。在抖音里，有的播主会说："这是几十万条视频中的一条，你能刷到是你的幸运，是这条信息选中了你。"还有的播主会说："你的品位不差，这都让你刷到了。"这就在告诉大家，刷到本身就是幸运，让用户有一种幸运感。这会让用户感觉不看就意味着自己送走了到手的幸运，担心幸运以后不再来，以这种方式让用户意识到自己是幸运儿。幸运儿的身份对自我有强烈的自我强化功能。所以，用户在获得这种与幸运的自我连接的机会时就会试图抓住，耐心地把视频看完。

　　还有一种让用户连到即得到的方式就是当用户注意到产品的时候，让用户感觉产品已经是自己的了。令产品和品牌的表述方式让用户有一种已经得到的感觉。这种方法最常见的就是采用第二人称的表述方式。做房产销售的推销员最常用这种表述方式。他们向顾客介绍房子的时候，会这样说："这是您的厨房，这是您的书房，您要是不喜欢可以在这个地方做个小隔断等。"他们开口闭口都是"您的"。这给用户营造一种房子已经是自己的了，自己和这个房子很配的感觉。这就是在利用连到即得到的方式与用户建立连接。

　　连到即得到是让用户在与产品接触的瞬间，产生"这是我的，我在其中"的感觉。神经科学家研究发现，任何物品成为"我的"那一瞬间，也就是与自我建立连接的那一刻，大脑都会产生一种被称为"P300"的体验峰值。这是一种强烈的自我感觉良好的状态。连接即得到就是试图激活用户的自我感觉。

　　禀赋效应认为当一个人拥有某个物品时，他对该物品价值的评价，就要比拥有之前大大提高。这都是因为大脑打上了自我标签，把这些物品和想法变成了自我强化的工具。牢记一点，用户不会留恋一个产品，只会留恋打着自我标记的产品。

让用户得到的目的是为了让用户借助得到之物和得到心理来强化自我，感受自我。这其中最重要的就是先让大脑得到，让用户感觉到产品已经是自己的了。让大脑先得到就完成了交易的 80%，接下来的成交只是辅助流程。我们一定要明白，在这个世界上，对用户来说一个产品是否有价值完全要看它是否打着"我的"标记。

5. 无感植入之四：人格化关联

我们不要告诉用户该怎么做，要让用户自己对号入座。想让用户对号入座，就要让用户在产品和品牌信息中发现和找到与自我的相关之处。当用户产生一种"这不是在说我吗"的感觉时，产品和品牌就与用户建立了连接。围绕这种感觉与用户建立连接的方式有两种，一种是人格化关联，另一种是个性化锁定。

我们先来看一下什么是"人格化关联"。人格化关联是指将描述产品或者品牌信息的情景、语言、画面以描述人的方式展开。人格化关联有两个功能。第一个功能是实现对产品和品牌本身的价值的超越。产品和品牌本身是存在局限的，它的价值就是它的实用价值。它要想成为用户自我强化的工具和渠道，首先其本身要实现价值超越。比如，好丽友不再只有充饥的功能，还具有了社交功能。这样一来就实现了对产品的实际价值的超越。这种超越性让用户试图通过产品来自我强化——驱动小伙伴通过分享好丽友，来表现自己是喜欢交朋友的人，是合群的人。如果一个产品或品牌自身的局限没有被打破，用户是不会妄想借助它来打破自我存在的局限的。

人格化就是产品和品牌完成价值超越的重要途径。首先，人格化后，产品和品牌就有了人的属性。人格化给用户的感觉是自己在与一个活生生的人互动、对话、交流。人格化会让产品和品牌变得有温度、有生命力、可互动，不再冷冰冰。其次，人格化后，产品和品牌具有了深远的内涵、意义、情感。用户喜欢依附强大、积极、正面的事物。在产品和品牌中融入积极、正面、强大的品质，就有了帮助用户突破局限的资本。

人格化关联的第二个功能是容易让用户产生自我投射，容易让用户感受到产品和品牌与自我的关联。心理学家伯特伦·福勒（Bertram Forer）教授进行了一项实验。他让学生们做一份性格测试问卷，然后他发给每位学生的结果报告都是一模一样的。接下来，教授让学生们对报告是否与自己相符进行评分。我们先不揭晓打分结果，先来看看学生们收到的是一份什么样的报告。

报告的内容如下："……虽然人格有些缺陷，但大体而言你都有办法弥补……有些时候你外向、亲切、容易接近，有些时候你却内向、谨慎、沉默……"看到这样的报告内容，你是不是感觉好像也是在说自己呢？我们来看一下那些参与实验的学生都有什么样的反应。调查结果显示，85%的学生认为报告内容与自己的性格相符。也就是说，大部分人都认为这份报告说的是自己，与自己的性格很吻合。

福勒教授的这项研究显示：人们常常认为一种笼统的、一般性的人格描述，十分准确地揭示了自己的特点。这种心理现象叫作巴纳姆效应。当产品信息采用一些含糊不清的人格形容词来描述用户的时候，用户很容易认为这说的就是自己，用户就会对号入座。这就是在产品信息中为用户设置的"软座"。之所以说是"软座"，是因为这其中采用的是一种模糊、笼统、普遍、广泛的人格词语来描述产品和用户。这些描述人格的词语一方面能够调动用户思维的主动性，在其中找到自我的"位子"；另一方面给了大脑发挥的空间，使其发现与自我相关的因素。所以，用户很容易感觉"这就是在说我"。人格化关联的这两种功能使用户更愿意与产品和品牌建立连接，也更容易在其中发现与自我的相关性。

为用户打造"软座"，首先我们可以将品牌和产品人格化，也就是用塑造人的方式去打造品牌和产品。我们前面说过，成功的品牌都为用户虚构一个可能的自我。我们之所以喜欢某个品牌是因为我们希望通过消费产品成为品牌塑造的人。所以，在设计品牌和产品的时候问问自己，我要塑造一个什么样的人物形象？是探索者、挑战者、开创者，还是其他形象？因为打造品牌和产品就是在打造可能的自我。就像李维斯塑造的性感、青春、活力的人格形象，这会让用户认为只要穿上李维斯的产品，就能拥有品牌塑造的人格形象。

泰国有一款减肥药的广告就将产品人格化了。广告中有一个身材完美的模特说："我之所以能有这么好的身材全是因为一个人。"说着便吃下了一粒白色胶囊。下一个画面是在一条空旷的路上，一粒超大号的胶囊里爬出一个警察。他一出来就拦下了前方驶来的一辆车，要对车辆进行检查。当他发现车里全是肥腻的肉时，他表示司机违反了规定要被抓起来。司机不服气，说这些肉从嘴巴进来要到肚子里去，这条路已经走了20多年了，从来都没有问题。正当他们激烈争论的时候，一辆摩托车开了过来。警察上前毫不犹豫地将其拦住。司机说自己要去往大腿。这个司机什么都没带，可警察打开摩托车的油箱闻了闻说："摩托车油箱里有油，也不能通过。"两个司机听到这话认为警察一定是疯了，问是不是所有带油的东西都不能进去。警察非常肯定地说："对。"这时警察发现摩托车司机的脸油油的，严肃地说："你的脸太油，你也不能进去。"一个司机问警察是谁。警察回答说自己是壳聚糖，可以吸附食物中的多余油脂，来自一种减肥药。看完这个产品广告你是不是认为这个减肥药一定很管用呢？这就是采用人格化的处理办法将产品拟人化了。产品广告发挥的作用就是与用户沟通。产品会说话吗？肯定不会。用户能理解产品的那些工艺和配方吗？很多时候不能。将产品人格化就在产品中模拟了一个人的形象。利用模拟的人与用户沟通，用户就能直观地理解商家要传达的信息。就像减肥药的表现方式，会让用户感觉"这说的好像就是我对油脂的憎恨和抗拒"。

　　另外，在描述产品属性的时候，我们也要将其人格化。比如，我们把产品和品牌包装用的红色叫作战斗红，把灰蓝色叫作颓废蓝，把绿色叫作青春绿等。这样一来，颜色就被注入了某种灵魂，很容易成为用户表达自我的渠道和工具。如果只是说红色、蓝色、绿色，那么它就仅指一种颜色，与我是怎样的一个人没有关系。

　　产品和品牌在与用户进行互动时，也要采用人格化的互动模式。其中最简单的做法就是将文案和信息转换成对话模式，而不是自说自话。比如，滴滴的广告语如果是"解决中国人的出行问题"，用户看了并不会认为与自己有什么关系。如果改成对话模式，那么用户就会认为是在和自己说话，是在说自己。比如，滴滴专车的广告"今天坐好一点"的旁白是这样的："如果做不成超级英雄，至少做自己的英雄，全力以赴的你，今天坐好一点。"这就好像是一个真正为自己着想的人在与自己互动交流。这就是对话模式，可以让每个人都感觉"这是在跟我说话，这说的是我"。

　　在将产品和品牌人格化的时候要注意三点。第一，有关品牌和产品的任何信息都是在与用户打招呼。你在与用户碰面的时候，怎么与用户打招呢？当你的大脑中有了这种思维后，你才会从沟通的角度去理解设计、文案等。第二，不同的产品和品牌，要采用不同的口吻。也就是说，不同的品牌和产品面对不同的用户要扮演不同的角色，比如儿童产品与用户沟通时最好采用老师、妈妈或者小朋友的口吻。这样用户会更容易沉浸在这种对话之中。第三，在采用这种打招呼的思维时我们一定要意识到一个核心问题——场景的问题。我们在什么场景下与用户"打招呼"？超市的货架上、网店的产品页，还是电梯或者地铁的广告牌上、店铺门口或者店铺内等？这些场景决定了你采用什么方式与用户打招呼。

人格化关联更多强调的是用户可以通过宽泛模糊的人格信息自主感受产品和品牌与自我的关联性。从而让用户渴望通过品牌和产品来强化自我。

6. 无感植入之五：个性化锁定

个性化锁定是指产品和品牌信息要与用户的个人特征和需求建立关联。星座、生肖、身份、职业、年龄、地域、相貌等用户的个人特征和需求是比较有针对性的。

一旦商家采用了个性化锁定，就会给用户一种个性化定制和获得特别关注的感觉。这样一来，产品和品牌瞬间就与用户建立了连接。

我们先来看产品和品牌信息如何与用户的身体特征关联起来。在销售中，让产品信息与顾客的身体特征建立关联，会大大提升成交量。有些服装的推销员在顾客试穿衣服的时候会说"这个款式很适合您的脸型，这个颜色很符合您的肤色"等之类的话。这都是在让产品与用户个人的长相等身体特征建立相关性，这样的关联会让用户感觉产品好像是专门为自己量身定制的，特别适合自己。这样的推销方式之所以有效，是因为这种个人化的关联让顾客体验到了重要感和特别感。

销售也常用到这样的技巧，将产品与用户的身体特点关联起来，让用户感觉产品好像是专门为自己量身定制的。有些服装的推销员在用户试穿衣服的时候说"这个款式很适合您的脸型""这个颜色很符合您的肤色"等，这都是让产品与用户的身体特点建立相关性。这样的推销方式之所以有效是因为它有效地对用户的自我进行了强化。

当产品信息与用户的姓名关联起来的时候，用户也会有满满的连接感。比如，可口可乐曾推出印有姓氏的可乐瓶，都是在为用户特设"专座"，让用户感觉这是为自己量身定制的。这样一来，产品就与用户紧紧地连接在了一起，即便是把可乐喝完了，也舍不得丢掉瓶子。在直播间，如果主播能够提到进入直播间网友的名字，或者与主播互动的网友的名字，这些网友就会愿意在直播间停留更长时间，同样也能提升用户的下单率。所以，直播间提升下单率的第一个方法就是多点名、多互动。这就是当信息与用户个人信息关联在一起时，达到了自我强化的效果。这样一来会激活大脑中的多巴胺，让用户更容易从产品中看到可能的自我，从而积极地下单。

将产品和品牌与用户个人的心理需求关联起来，也能提升产品和品牌在用户心中的价值。有款饮料把包装设计成许愿公仔的样子。用户可以将自己的愿望写在瓶身上。然后把公仔的一只眼睛涂黑。如果愿望实现，再把另一只眼睛也涂黑。这样一来，如果愿望没有实现，用户也不会将瓶子丢掉，因为用户会担心丢掉瓶子后自己的愿望永远也无法实现。即使愿望实现更不会把瓶子丢掉，因为担心把自己的好运也一起丢掉了。这样一来就将产品与用户的个人愿望关联在了一起，大大提升了产品在用户心中的价值。

　　每个群体都一些固有的特点，比如二胎妈妈、35岁脱发的职场男性、爱晨跑的人。当产品的受众是某个特定群体时，商家要学会筛选这个群体的基本特征，然后将产品的卖点与这些特征关联起来。这样用户在看到这些内容的时候就会对号入座。

　　我们还可以借助手机与用户进行更加个性化的深层互动。这会让用户感觉这个世界是围绕"我"转的。有一些商家会用一些小测试来引流。比如，做旅游的商家会给顾客推送一些小测试，让顾客输入更多个人信息，如性别、年龄、收入、爱好、职业等，从而分析顾客适合去什么地方旅游。这样的操作更有针对性，更加精准，更能达到自我强化的目的。随着互联技术和人工智能技术的发展，我们可以越来越精准地为用户提供服务，这使多巴胺能够更加深度地驱动商业的增长。

　　牢记一点，触发用户消费行为的终极目标是提升产品与用户个人的相关性。产品与用户没有连接就没有价值。产品并不是要讲好产品的故事，而是要讲好用户的故事。一切营销策略都只有一个目的——与用户的自我建立连接。不以这个目标为出发点，都是无效行动。被关注、被重视、被特别对待，这是每个用户的渴望。

　　以上和大家分享的 5 种用户建立连接方法，更多是为了让大家掌握一种与用户建立连接的深层原理，而不是一个模板。大家要学会举一反三。这 5 种连接方式可以单一使用，也可以叠加使用，叠加使用的效果会更好。

第三章

多巴胺控点二：强化连接

如何通过重塑连接来与用户
建立"绝对关联"

1. 一旦连接，连接的意志就会升级

连接一旦建立，用户连接的意志就会升级为一套新的意志模式——强化连接的意志。强化连接的意志是确定连接确实存在。比如，用户第一次享受 4 折优惠，那么用户会希望重复享受 4 折优惠。所以，大脑会命令人们重复尝试，确定能够重复享受 4 折优惠。大脑建立连接后强化连接的意志会继续激活大脑中的多巴胺，从而驱动用户重复行为。

我们再来看看沃尔弗拉姆·舒尔茨教授的实验。猴子从管子中喝到果汁后，在接下来的实验中，连续几次在猴子喝到果汁的同时大脑都会释放多巴胺。如果你认为是因为猴子喜欢喝果汁才激活了多巴胺，那你就错了。当猴子无意间喝到果汁时，猴子并不认为果汁与管子之间存在必然连接。猴子面对大脑中新建立起来的不确定的连接，会产生新的连接意志——确定连接确实存

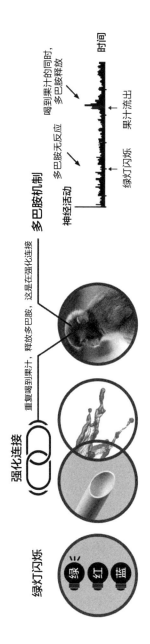

绿灯闪烁

强化连接

重复喝到果汁，释放多巴胺，这是在强化连接

多巴胺机制

神经活动

绿灯闪烁 果汁流出 时间

多巴胺无反应 喝到果汁的同时，多巴胺释放

在——确定可以重复喝到果汁。在猴子带着这种意志，并且在接下来几次喝到果汁时，大脑都会释放多巴胺，这是强化连接的意志在驱动猴子做重复行为——去进一步确定连接确实存在。这个阶段多巴胺驱动的重复行为是大脑渴望将偶然变成必然，将不确定的连接变成确定的连接。

我们都听过守株待兔的故事，农夫偶然在大树下捡到兔子，接下来农夫会渴望强化这种偶然性。于是，农夫每天都在树下等着兔子来撞树。这就好比你吃第一口汉堡后，会一口接一口吃。这就是当我们与汉堡建立连接时，大脑渴望确定这种连接确实存在，渴望确定下一口吃到的还是这个味道。在这个阶段，多巴胺释放是大脑面对新的连接，驱动我们去确定下一口真的可以吃到。吃了几口后，大脑认为确实能不断地吃到汉堡，才会放慢速度细细品尝。

我们一定要有一种意识，引流获客与用户建立连接只是开始，而占据用户的心智才是我们与用户保持长期关系目的。如果你认为把用户拉到群里，让用户购买了一两次产品，就算与用户建立了连接，那你就大错特错。另外，很多时候商家与用户建立连接的策略是简单、直接、粗暴的，比如直接返券、返现、打折等。这样的连接模式是不可持续的。所以，我们要在与用户建立连接后，借助用户强化连接的意志来重塑和深化与用户的连接。

强化与用户的连接就是在提升用户价值和深化用户价值，而提升和深化用户价值就是在强化用户对产品和品牌的意志。没有意志就没有价值，也就没有多巴胺。所以，提升价值就是扩大多巴胺的反应空间。我们要让多巴胺的反应不局限在某个产品、某个环节、某个行为、某个场景，而是要将多巴胺的活动空间结构化，让大脑持续地获得可能。将用户导入一个有无限可能的模式里，才是强化连接的目的。

强化连接的思维是将与用户的连接结构化。与用户的连接是否结构化决定了品牌和产品的运作机制是否成熟。我们要学会从用户的角度、产品的角度、渠道的角度、社会的角度等去深化用户的连接模式。同样，我们要把连接功能结构化，有的连接就是为了获客，有的连接就是为了获得利润，有的连接就是为了提升连接频次，有的连接就是为了决定连接深度。牢记一点，使用单一的连接模式不可能与用户保持长期而稳定的关系。

强化连接的模式决定了用户是否真正将产品和品牌当作自我强化的工具和渠道，决定了品牌和产品是否有竞争力。强化连接的思维是体现商家是否具备经营用户关系的重要能力。如果这个环节做不好，那么即便商家拥有大量的用户也留不住。记住，用户关系是需要经营的。一个真正具有竞争力的品牌，一定有一套如何将用户持续留在身边的模式和机制。如果这套机制不完善，用户离开是早晚的事，品牌垮掉是迟早的事。接下来，我就和大家分享 5 种借助用户强化连接的意志，重塑和深化与用户连接的方法。只要你将这 5 种方法灵活地运用到你的品牌经营中，用户就不会离开。

2. 绝对关联之一：增加连接的筹码

在与用户建立连接的初期，用户有确定能够持续且重复地从商家这里得到好处和利益的渴望，商家要学会借此来重塑和深化与用户的连接模式，不然就等于无法留住用户。毕竟商家初次与用户建立连接的时候比较下功夫，又是返现，又是免单。但商家不可能每次都给用户返现、免单。

重塑和深化与用户的连接的第一种方法就是增加连接的筹码。增加连接的筹码是指借用户对连接强化的意志，在原有连接上增加附加条件，让用户意识到新的连接只是一种偶然，而不是必然。如果用户要想重复上次的连接，需要付出更多努力和代价。这样的强化模式可让商家与用户的连接变得更有弹性。

当用户第一次从商家那里以5折优惠喝到咖啡时，会渴望接下来的第二次、第三次继续享受5折优惠。这个时候用户的渴望是重复以5折优惠喝到咖啡。但是商家不可能一直让用户以5折优惠喝咖啡。5折优惠喝咖啡的模式并不利于商家的良性发展。这时，就需要借用户的意志来改变用户以5折优惠喝咖啡的连接。比如，当用户第二次喝咖啡的时候，就要增加"转发给3位好友""充值""一次性买够3杯"这样的附加条件，才能继续享受5折优惠喝咖啡。这样，用户就意识到以5折优惠喝咖啡是有条件的。

很多商家只知道打折，但不知道如何重塑与用户建立在打折和优惠基础上的连接，结果就是不打折用户不买，打折后商家自己赔钱。

当然，通过增加附加条件来重塑与用户的连接，也是一种比较短线的连接强化机制，是一种急功近利的重塑连接的方式。这种重塑方式可以留住用户一次、两次，但是并不能多次使用。重塑与用户连接的深层目的并不是为了产生订单和一次性利益最大化。多巴胺经济与传统经济的区别在于并不是以直接获取利润为目的，而是为了获取用户的更多价值。随着商业的发展，以获取直接利润为目的的商业模式越来越不可持续。而以获取用户更多价值为目的的商业模式才是良性的和可持续的。

重塑连接的第一个目的是获取用户的更多价值和重塑连接。所以，重塑连接时要让用户付出更多努力、精力，甚至是智力。产品和品牌与用户的连接效果与用户投入度相关。我们都知道富兰克林效应，要尽可能多地让用户付出，不断地麻烦他们就会增加他们对品牌和产品的好感。你在很多的直播间都可以免费领福袋。但领取是有条件的，条件是必须加粉丝团、关注账号、评论区互动等，满足这些条件才能免费领福袋。这样一来，福袋的价值在用户的心中就会大大提升。这其中的根本原因是用户投入度增加了，所以福袋的价值才提升了。

重塑连接的第二个目的是塑造品牌与产品在用户心中的优势和绝对地位。例如，推出一些普及咖啡知识的竞猜游戏。用户只要通过就能得到一次 5 折优惠喝咖啡的机会。这样让用户在建立咖啡认知连接的同时潜移默化地提升用户对品牌的认知。不然用户根本不知道什么是好咖啡豆，什么是好的烘焙方式。积极主动地提升用户对产品和品牌的认知，能建立品牌优势。这里还潜藏着一个我提出的心理效应叫"说者优势"。说者优势就是当用户关注到品牌的广告时，会认为广告中的产品是正统的、专业的、优质的，是值得宣传和选择的。比如，同样是牛奶品牌，谁做广告或谁站出来表达自我，用户就会感觉谁是优质的，是值得选择的。这就是说者优势的心理效应在发挥作用。这就像抖音的一些分享法律知识、健身知识、教育知识的博主，用户关注他们的内容时，会认为他们是专业的，是行业内的专家，代表了一个行业的较高水平。他们真的代表行业内的较高水平吗？不见得。但是他们站了出来，他们进入了用户的视野，占据了有利位置和绝对优势。当品牌积极主动地为用户普及一切关于品牌和产品的知识时，说者优势的效应就会产生。此时，商家就在打造品牌优势。这样一来，品牌便实现了与用户深度连接的目的。

　　我们一定要明白，连接只是开始。商业的底层逻辑是一套深化与用户连接的模式。我们的目的是与用户建立深度的价值连接而不是简单的价格连接。所以，要想提升价值，就要增加用户对产品的投入。用户投入度越高，价值越大。因为产品对用户的吸引力来自用户借助产品进行自我强化的意志。用户投入的意志越多，与产品和品牌的连接越紧密。

3. 绝对关联之二：减少连接的负累

重塑用户连接的第二种方法就是减少连接负累，也就是用返减的方式来重塑与用户的连接，从而创造更大的、持续的商业价值。

用返减的方式重塑与用户连接的第一种方式：得到或收取的目的就是用"返还"的方式重塑与用户的连接。有的健身房就采用了这种策略。比如，他们会收取用户3000元的会员费，一年之内用户只要来健身20次，就会将3000元返还给用户。看到这里你是不是纳闷商家从哪里挣钱呢？其实他们看上的并不是这3000元的会员费，而是更大的回报。成为会员后，用户每次健身都有私教陪练，这等于是商家借助 20 次返还的方式，创造了 20次与用户深度互动和接触的机会。私教可以借此加深对用户的了解，与用户建立起更深的情感连接和信任。在这种状态下，私教会向用户推荐蛋白粉，以及更高阶的私教课程，甚至是其他的健身衍生产品。有了深度连接的基础，用户会更容易接受私教的推荐。商家借助返还会员费的方式来重塑与用户的连接，从而换取更大价值的回报。我们要明白一点，只有与用户建立深度的连接，才能创造更大的、持续的商业价值。

用返减的方式重塑与用户连接的第二种方式是减少用户与商家连接的负担、累赘、顾虑、疑惑等负面因素，以此来重新塑造与用户的连接。

如今的电商平台每天都在搞促销，这让用户产生了一种顾虑，"前脚买，后脚就可能降价"。这样的心理让用户即使有购买需求，也会耗着等大促来时再出手。京东为了打消用户的这种顾虑，推出了价格保护措施。用户购买后的一周或者半个月内，如果产品的价格降了，可以申请价格保护，系统会自动退还差价。这样一来，就打消了用户怕买亏的顾虑。这其中用户的消费行为已经产生，连接已经建立，商家还能积极地将利润再返给用户，目的是重塑与用户的连接。从表面上来看，返还的是几角、几元，但塑造的却是用户对商家的信任。这就是商家的精明之处。

有些在线买菜的平台，也在采用减法的方式重塑与用户的连接。比如，一斤白菜的价格是1元，你买了2斤，付了2元。当商家配货的时候，会主动返给你几角，因为一颗白菜不一定正好两斤。其实你已经付钱了，即便差几角，你也不会斤斤计较。毕竟我们在菜市场买菜的时候，遇到这样的情况我们也说："算了，不用找了。"对于这种用户并不是很在意的行为，为什么在线平台还要刻意做呢？目的就是借此表现平台的严谨性，以此提升用户对平台的信任感，打消用户的顾虑。这就是平台有意利用返还的形式来塑造与用户的连接。

直播间如何提升下单率呢？我们一定要意识到一个问题，用户不下单的最重要的原因是他们有顾虑，比如产品是否能解决自己的问题，或者产品不像主播描述的那样等。这些顾虑导致用户一直蹲在直播间，迟迟不行动。这时主播应该怎么引导用户下单呢？答案就是告诉用户随时可以退货。主播可以这样说："这款产品有运费险，您收到货喜欢就留下，不喜欢可以退回来。"这就是主播积极主动地消除用户的顾虑来提升下单率的一个重要的方法。

如今用户之所以依赖网购，有三大政策功不可没，这三大政策重塑了网购与用户的连接模式。也正是这三大政策彻底消除了用户网购的顾虑。三大政策分别是：7日无理由退换货、差价返还、运费险。

我们与用户的连接并不是一成不变的，我们要随时获悉用户的心理需求，通过重塑连接来保持与用户的连接模式。高糖、高脂、高热的食品很容易让用户在食用的时候产生负罪感。如果品牌不能及时消除用户的这种心理，重塑与用户的连接模式，就会渐渐失去原本占有的市场份额。前些年可口可乐的销量连续下滑，最重要的原因就是用户开始偏好健康的饮品。可口可乐公司意识到了这一点后，推出了500毫升以下的小包装。结果小包装可口可乐的销量出现了逆势增长的趋势。这其中最重要的因素就是，小包装减轻了用户喝可乐时的"罪恶"心理，又满足了用户想喝可乐的渴望。这就是通过改变包装的规格重塑了用户的连接。

多巴胺不但能为我们渲染正面的可能来驱动我们的行为，也会通过渲染负面的可能来抑制我们的行为。当用户心中产生负面可能的时候，商家就可以借用"返减"的方式来改变与用户的连接。

4. 绝对关联之三：导入连接的循环

重塑与用户的连接的目的有两个，一个是打造循环机制，另一个是打造闭环机制。我们先来看如何通过重塑连接打造循环机制。

很多人问我如何让用户的行为持续。提出这个问题的人没有掌握与用户互动的循环原则，而是把与用户的互动当成了单一的行为。设计产品、品牌与用户的互动模式在很大程度上就是设计与用户的循环互动模式。循环思维就是不单一地看一个订单、一个行为、一个目标、一次促销活动、一个产品，而是把它们看作一个循环机制。循环思维的核心是用户与商家的每次互动都是开始，而不是结束。

首先，我们来看看如何围绕一个订单启动循环机制。商家应该从订单开始，而不应该以订单为结束。最简单的方式就是完成订单后，商家要想办法让用户晒单，分享使用过程。就比如有的奶茶店，卖奶茶的时候会送一个猫脸的纸杯套，用户喝奶茶的时候猫脸的图案正好挡住用户的脸，远远地看上去好像一只猫在喝奶茶。这样又萌又可爱的设计，会促使用户拍照、发朋友圈。用户是渴望表达的，但是商家如果没有给用户创造表达的机会，就错过了借助用户传播产品的机会，限制了商家与用户的深度连接。

有的线上店铺收运费，在用户提交订单时会显示收10元运费，但是如果用户加2元，12元就可以享受一个月的免运费。大部分用户都会选多付2元，享受一个月的免运费。如果没有这一个月的免运费，用户也许消费完再也不会来，但是买了一个月的免运费服务，用户就会惦记着去享受这项服务，不然感觉就亏大了。其实商家的目的并不是收2元，而是通过这样一个小小的举动引发用户的重复行为，开启商家与用户的互动。

有些连锁便利超市的智能支付系统会在用户结算的时候弹出限时1.5折抢购的产品，用户本来没有购买意向，看到1.5折就会想要购买，这是在付款前弹出的提示。在用户付款成功后，智能支付系统还会弹出不同的促销活动。比如，用户消费了30.5元或者20.7元，系统会提示充值 300 元或者 200 元则本次消费可以免单。通常情况下，用户都会选择充值。如果用户消费的额度比较低，只有几元，比如 3.96 元。系统会提示"恭喜您！天选之子，本单全额下次免"，用户下次消费时可以直接从付款中抵扣 3.96 元。付款前加购，付款后充值减免或者免单，都是智能支付系统在试图将用户导入循环互动中，持续为用户开启可能，不给用户溜走的机会。

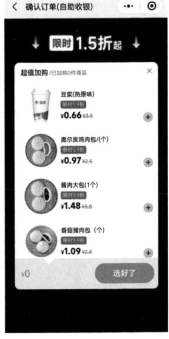

我们要有一种意识，用户的消费行为并不是只能创造一次价值。某购物应用就在挖掘用户消费行为的二次价值。用户只要通过该手机应用下单，每消费 100 元就可以获得 50 元的返利。用户可以用返利在该平台进行二次消费。这就是没有把用户的购买看作单一的消费行为，而是将其看作创造价值行为的开始。

其次，我们来看如何围绕一个行为启动循环机制。在抖音上，只要用户需要，它就会不断地为用户推送内容；它不会主动停止和暂停与用户的互动，与用户互动是没有边界的。抖音通过循环刷屏行为来启动与用户的循环互动。只要用户不停地重复刷屏的行为，系统就会不断地给用户制造可能。用户之所以重复一个行为就是因为每一次重复都可以获得一次可能，用户就有可能看到自己想看的内容。

我曾提出一种与用户循环互动的模式，叫"粘连式互动"。什么是粘连式互动呢？就是一个行为产生两个目的。比如，你给了对方一朵玫瑰，同时也想让对方给你一个吻。送玫瑰的行为既有送的目的，也有激活他人行为反应的目的。

我曾经给某头部购物平台设计过一个母亲节的营销活动就采用了这种互动模式。活动是邀请用户参加母亲节"超级礼物"的养成计划。用户点击参加会领取一份"电子版的康乃馨花束"，同时转发到自己的朋友圈。好友点赞后，电子花束就会开出一朵新的康乃馨花朵。点赞越多电子花束开得越繁茂。重要的是好友在点赞的同时也会领到对方返送的"电子版的康乃馨花束"。这个点赞的行为既是送出母亲节祝福，也是收他人对自己母亲的祝福。这就是一个行为的两种目的。这种粘连式互动模式一旦被用户触碰，就将用户导入一个循环，开启了一系列互动。关键是谁也不会拒绝他人对自己母亲的祝福，都很乐意收到这样的祝福。正是这种心理促使这个活动在朋友圈能够快速传播。

有些直播间也把循环互动做到了极致。在某些直播间可以免费领取福袋，领取福袋时，会自动发一个口令，这个口令的设置很重要。有的直播间将其设置为"赶紧到左上方领红包，我真的领到了"。每个领完红包的用户发的口令都会成为激发其他用户积极参与的触发器。这样一来不断有人领福袋，不断刺激别人去领福袋，不断地往直播间引流，形成了一个有效的循环机制。这种行为会拉动直播间的数据，促使更多人进入直播间。

　　然后，我们来看如何围绕一个目标启动循环机制。比如，游戏是将一个通关的大目标分解成了一个个小目标，与玩家展开循环互动。只要玩家开始玩游戏，就进入了一个循环，过了一关又一关，升了一级又一级，复活了一次又一次。系统的目的就是不让玩家停下来。循环大多是在不同的场景中展开的，比如先是过河，再是翻山越岭，然后是穿越森林。在不同场景遇到不同的挑战，完成不同的任务。循环要遵循的原则是每一次的循环和重复都要导入不可复制的因素。在循环中，玩家不断地获得叠加感、进步感、累计感、增长感。这样的自我强化机制是用户沉迷其中的根本。

　　最后，我们来看如何围绕一个产品启动循环机制。围绕产品设计循环机制的基本方法就是产品进行自我推翻，重新启动用户对产品的渴望。比如，小朋友们之所以会重复购买健达奇趣蛋，是因为里面的小玩具模型是不同的。如果拆开发现是自己没有的小玩具，那么他们就多收集了一个玩具。得到产品的一瞬间，让一个可能变成了现实。而如果是自己已经有的小玩具，这也算是验证了一个可能。不管里面是不是自己喜欢的小玩具，在打开的瞬间，都验证了一个产品承载的可能。所以，用户得到一个奇趣蛋的同时，就在制造买下一个奇趣蛋的需求。这就是产品启动的循环机制。一旦用户开始购买，购买行为本身就会启动下一次购买行为。

有些商家把生意做到了极致，一旦与用户建立连接，就会将用户"钩"住。我们以购车为例，用户购买完车就需要买内饰，需要定期做保养，需要定期洗车，还需要年年上保险，等等。围绕车产生的循环互动在用户购买车的那一瞬间便启动了。购车的时候，商家给用户一个保养手册，上面清晰地标注着什么时候该换什么，以及该做什么保养等。如果你是分期付款，还需要每个月还款。这并没有完，当你贷款还差不多了，商家又向你推荐新款车。告诉你这个时候是置换的最佳时机。如果这个时候不换，接下来你的车会越来越不值钱。在商家的说服下你又换了一辆新车。这些都是商家在与用户建立循环互动——不断地交钱，不断地授权。同样，真正有战略眼光的品牌是要持续地与用户建立连接。

我们一定要有循环思维。如果与用户的互动终止于用户走出店铺的那一刻，如果与用户的互动终止在订单成交的那一刻，这会是你作为一个生意人最大的缺陷和损失。经营品牌就是在与用户产生循环互动。循环互动才是用户保持忠诚的前提。我们一定要明白，如果在与用户的互动中没有导入循环互动，品牌的营销成本会越来越高，品牌和产品对用户也越来越没有吸引力。

循环互动就是持续地为用户创造和开启可能，唯有持续地为用户输出可能，才能持续对用户有吸引力。用户的数量和增长潜力是依托于产品对用户的黏性和吸引力的。没有持续的吸引力，用户的数量再多，也不是你的；用户增长潜力巨大，你也留不住。所以，不管在什么阶段，是产品的初期、发展期还是成熟期，也不管采用什么样的市场开拓方式（社群营销、内容营销、社交营销等），都要先想好与用户的互动如何持续。

商家的发财之道应该是思考如何与用户持续地互动。而那些无法持久发展的品牌压根就没有循环思维，它们总是盯着当下。说到底，它们没有能力与用户进行循环互动，当然也就没有持续发展的可能。牢牢记住一点，与用户的互动只有开始没有结束。如果你没有做到这一点就不要轻易与用户建立连接。因为在与用户建立连接的一瞬间，就已经注定你将失去这个用户。

5. 绝对关联之四：设置连接的闭环

重塑与用户连接的终极目标是为了打造闭环。闭环是什么？它不是牢笼，也不是迷宫。闭环是用户愿意沉浸其中的"安乐窝"。产品和品牌成了用户表达自我和实现自我的渠道和工具。闭环真正实现了"我中有品牌，品牌中有我"。产品和品牌成了自我的一部分。用户会对其产生依赖，并且反过来像维护自己一样维护品牌。这样一来别的品牌就很难再介入，闭环便形成了。

品牌和平台的闭环是从四个层面建立起来的。第一，形象闭环；第二，产品闭环；第三，服务闭环；第四，价值闭环。

打造闭环的基础方式是打造形象闭环。形象闭环可以让用户直观地将其与其他品牌区分开。一个品牌，从商标到品牌吉祥物，从品牌色彩、图案到包装，再到店铺设计，整个 VI（视觉识别系统）其实都是在打造形象闭环。品牌形象的设计风格越鲜明越容易与其他品牌区别开来，形成闭环。打造形象闭环有四种功能，一是不容易被模仿，二是容易被识别，三是制造差异，四是留住用户。但是，很多商家打造的品牌形象只具备前三种功能，没有第四种功能。原因就是他们打造品牌形象只是流于花哨的形式，比如有些品牌设计很时尚、很有个性，店铺装修得很阔气、很现代，吸引许多用户去打卡拍照。这样的形象闭环只具备"打卡"的功能，没有留客功能，原因就是没有形成产品闭环、服务闭环和价值闭环。

打造闭环的第二种方式就是产品闭环。产品闭环就是打造具有独特性的产品。独特性一方面来自减少与其他产品的兼容性，另一方面来自突出产品的与众不同。比如，苹果的产品采用独特的接口、独特的系统、独特的设计等。你买了一台苹果电脑后，慢慢地会用上该品牌的手机、耳机、手表等产品。因为一旦你用上苹果的一款产品，它就会渗透你的生活。苹果以独特的产品思维重塑了与众不同的生活方式。

独特性在很大程度上意味着排他性。独特性让用户感觉使用这样的产品就表现了与众不同的自我。这种独特性成了用户表达自我与众不同的渠道和工具。我在《自增长》中提到，每个人都在追求独特性。独特性是自我价值的体现。如果产品不能展示用户的独特性，那么对用户来说，它的价值是有限的，用户对它的依赖也有限。产品是使自我与他人区别最直观的方式。产品闭环的底层逻辑就是让用户渴望借助产品的独特性来强化自我的独特性。没有自我强化功能的产品的闭环建立不起来。

这里我们必须强调一点，闭环一定是建立在好产品的基础上。好的产品可以独立形成闭环，不需要形象、服务和价值的加持。如果产品本身不具有吸引力，品牌试图通过营销、销售、服务建立起闭环，是非常难的。比如，一个咖啡品牌的产品本身有问题，即便它的服务和营销做得很到位，用户也不会再买它家的咖啡。闭环都是以好产品为根基构建起来的。

第三种打造闭环的方式是服务闭环。服务闭环是通过打造极致的服务实现的。若产品合格，那么服务闭环就能起到锦上添花的作用，闭环就会更加稳固。江南布衣这个服装品牌，以不到10%的用户为品牌创造了高达60%的营收。这在很大程度上取决于它们一套深化和重塑与用户连接的会员服务系统。

它通过对用户进行分级管理，为活跃的高端用户提供个性化服务。比如，该品牌针对个人提供形象设计和穿搭设计，以及会员生日特权，还有免费的清理服务、先试后买，免退货的服务，等等。我们来思考一个问题：为用户提供这些服务的目的是什么？一定是提升用户体验。服务不是制定一些会员权限和规则，而是通过这些权限提升用户的体验。比如，会员生日享受 5 折特权，是为了给用户制造良好的体验感——让用户感到被重视。一定要记住，我们为用户提供的任何服务都是在塑造和深化用户的自我感觉，借助这种感觉来影响用户的生活和行为，将用户引入美好的、理想的生活状态。服务脱离用户体验就不叫服务。

某头部购物平台也设置了会员权限，在会员生日那天会送给用户一些"代币"，价值 6 元，消费时直接抵现金。起初用户在生日当天收到这样的生日礼物还是挺开心的——感觉自己是重要的用户。可是过了几天系统会提示用户代币已经过了有效期，失效了。用户看到这样的信息，瞬间就对平台产生了一种非常强烈的厌恶感。这让用户马上意识到，原来这是在借生日的机会收割"我"。这样的会员系统根本没有做出闭环的效果。平台渴望用户忠诚也是奢望。其实，大部分的会员系统都不是从用户体验的角度出发的，都是机械地设计的。当然，这样的设置也没有闭环的功能。

美国的思想家 W.P. 弗洛斯特（Robert Frost）指出，我们在筑墙之前应该知道把什么圈出去，把什么圈进来。我们只有明确地知道要把什么圈起来和把什么拦在外面，才知道该怎么打造闭环。不然，闭环就形同虚设。

从品牌形象到独特的产品思维，再到极致的服务思维，这些表面的、可见的、可操作的打造闭环的方式，其深层目的都是打造用户的自我强化机制，让用户感受到"我"是怎样一个人。所以，形象闭环、产品闭环、服务闭环都是为了在用户的心中树立价值的高墙，形成价值闭环。

在 1995 年，星巴克发展成一个家喻户晓的品牌，它们有优质的产品，也与用户建立了良好的关系。但是，在竞争日益激烈的市场上，各咖啡品牌层出不穷。星巴克如果仅靠产品质量与现有的品牌价值去竞争，很可能会受到市场的冲击，尤其是在其奉行的宗旨模糊不清的时候。就像舒尔茨说的那样："你走在大街上，一路走来可能会看到好几家咖啡厅。你怎么知道哪家的咖啡最好喝呢？我们必须要有一种先入为主的方式来表达品牌理念，让自身与其他的竞争对手从本质上有区分。"如果没有一种从根本上区别与其他品牌的软壁垒，人们很可能把星巴克与其他的品牌弄混。星巴克就丧失了竞争优势。因为用户追求的任何事物都是为了自我化，而这个自我化的工具和渠道没有突破用户的局限性，那么它的价值就极其有限。比如，用户喜欢迪士尼，是因为它承载着一种家庭、欢笑、梦幻的价值理念；用户喜欢耐克是因为它承载着一种运动精神、一往无前的价值理念；用户喜欢星巴克是因为它承载着一种浪漫、时尚、小资的价值理念。只有品牌承载了一种鲜明的价值理念，才成为自我强化的工具和渠道。

闭环是要回到用户的自我层面，否则用户对产品、品牌的依赖都是非常有限的。强化连接是通过与用户的互动提升用户的自我感觉。我们应牢牢地记住，让用户产生依赖的不是某个具体的产品，而是这个产品带给用户的感觉。商家创造的价值并不仅仅是一个产品，而是为用户提供了一种生活方式，一种自我强化的模式。

打造闭环就是在建立与用户的连接优势，当然连接优势就是竞争优势。在现代商业社会，很多时候商家并不是在卖产品，而是在"贩卖"与用户的连接模式。比如，抖音、微信、苹果、星巴克等品牌和平台，其实是在打造一种与用户的连接模式，而不是在卖产品。

牢牢地记住，真正的闭环是品牌让用户坚信"我"是怎样的人。当品牌与用户的自我信念关联的时候，坚不可摧的壁垒就形成了。

6. 绝对关联之五：开启连接的空间

增长空间来自哪里？有没有增长的空间要看品牌和平台有没有为用户开启自我空间。没有自我空间就无法产生持续的可能。无法持续承载可能的空间，当然也就没有增长的空间。打造增长空间有三个硬性指标，分别是：鲜明的层次感；自我增长感；自我表达性。

打造增长空间首先要给用户空间感，也就是让用户感受到鲜明的上下、前后的空间层次感。某餐饮品牌推出一种会员分级制度，用户累计消费到一定额度会升级为不同等级的会员。会员分级从低到高分别为红海会员、银海会员、金海会员和黑海会员。其实这种标记会员级别的方式并没有鲜明的层次感，会员不能一目了然地看出差别，因为颜色和金属这两个不同元素放在一起模糊了层次感——没有鲜明的高低和好坏之分。如果只是用金属元素来标记层次就更加鲜明，比如铁、铜、银、金。这样层次鲜明，一目了然。用户会明确地知道自己所处的级别是什么层次，还有多大的进步空间。当然商家也许认为用铜、铁标记会员级别会让用户感觉不好。其实，会员级别的标记方式就是为了将会员身份区分开，如果不能让用户感受到低层次会员身份的局限，用户就没有成为更高层次会员的渴望。比如，用户想要成为金卡会员，是因为他感觉自己的普通会员不够尊贵，限制了自己享受更多的优惠待遇。没有对普通会员的抗拒，就没有对金卡会员的渴望。层次越鲜明，用户感受到的可能越大，空间是在为用户制造可能。空间感不鲜明，其承载的可能也会模糊不清。用户是追着可能奔跑的，没有鲜明的空间感就会没有进入的渴望和动力。

鲜明的层次带有鲜明的情感。鲜明的层次的直观体现就是数字。比如，用 1 颗星到 5 颗星表示会员级别的高低；以 1 到 7 的数字来表示咖啡的浓度。用户看到这样的标记，就会产生鲜明的大小、多少、好坏的情感判断。

大脑对可能的渲染是情感线索激发的，情感越鲜明，越容易激发多巴胺对可能的渲染。鲜明的层次就等于鲜明的情感。情感决定了多巴胺渲染可能的方向。所以，让信息带上鲜明的情感是触发多巴胺的前提。这也是我写本书的目的。一切有效的信息都是从情感开始的，没有情感，大脑不知道信息表达了什么，与"我"有什么关系。用户的自我掌控感和价值感都来自情感。

不仅是会员系统的设置有助于打造空间，将平台功能设计得更加全面和有层次感，以及将产品品类设计得更加多样等都可以创造更开阔的空间。打造品牌空间是相对容易的事情，品牌空间要想成为用户自我进步、发展、成长的空间，还必须转化成用户的自我空间，也就是品牌空间要成为可能自我的载体，才会是有效的增长空间。让增长空间能够承载可能的自我就必须符合第二个硬性指标——自我增长感。自我增长感就是空间的设置能不能让用户感受到自我的增长感和成长感。

将品牌空间转成自我空间的有效方式是通过用户积极参与、付出来实现的，并不是硬塞给用户的。比如，某酒店的会员体系是这样设计的，只要用户在一年内住满 10 次就可以升级为金卡会员，就可以享受延迟退房服务；用户在一年内住满 25 次就可以升级为白金会员，就可以享受总统套房；用户在酒店消费都可以累计积分，这些积分可以兑换机票、球赛门票等，累计的积分越多就能换到越多的优质福利。这就是酒店为用户打造的自我增长空间，而这些空间是用户通过不停地消费、累计获得的。

很多平台与品牌的会员体系只是打造了空间，并没有转化成自我空间。某头部购物平台的 plus 会员就没有给用户带来增长感和累计感。每年会员期限一到就打回原形。一年的会员和两年的会员没有明显的区别。每年用户都需要购买会员才能享受一定权益。这就导致用户购买会员只是为了享受一些固定的优惠待遇。这也导致用户续会员时没有积极性，需要消费时再续费。这种会员体系的设置导致用户与平台的连接是硬性连接，只是建立在某个特定的硬性指标上的。这种模式与用户自我连接并不紧密。用户没有将自我深层地投射在平台上。这就导致用户不珍惜自己的会员身份。如果用户的会员身份与会员年限关联在一起，让会员年限更久的用户享受更高级的会员服务，就大不一样了。这样的会员权益设置就为用户开启了进步和增长的空间，用户就会更加珍惜自己的会员身份，会担心自己多年辛苦维系的会员身份被剥夺。大部分会员系统都存在很大的空间，但与用户的自我关联不强、不深的弊病，使会员系统更多是形同虚设，根本没有发挥与用户深度连接的功能。记住，如果与用户的自我强化意志不建立关联，再大的空间也没有价值。

　　用户的自我强化感在很大程度上来自用户与众不同的自我感觉——差异感、优越感、价值感。增长空间在很大程度上就是为了让用户展示与他人的与众不同，体验自我的优越感和价值感。所以，增长空间的最大作用是自我表达和自我展示。自我表达性就是打造增长空间的第三个硬性指标。

　　在抖音，为什么那么多人喜欢打赏他人。这其中非常重要的原因是，"打赏"有表达性和社会互动功能。首先打赏的反馈效果很直接，打赏主播时屏幕上会显示绚丽的打赏效果，比如屏幕上会出现一个超大的游艇或者跑车。全直播间的用户都知道这位用户给主播送了大礼。这种直观的效果将用户打赏的行为显化和可感化了，这种行为就具备了自我表达、表现功能。

　　最关键的是，打赏行为越多，用户的身份级别越高。用户的昵称中会显示一个标志用户身份级别的数字，这个数字越大，身份级别越高。这就让打赏行为成了塑造用户在虚拟世界身份的一个方式。当用户带着这个数字进入直播间，就很容易被主播点名"××来了"，其他的用户就能直观地看到有个"豪气"的用户进入了直播间。这些数字成了用户在虚拟世界身份的象征。这些数字就具备了表达特性。用户会渴望通过不断地打赏来表明自己的身份，从而实现自我强化的目的。

我们记住一点，任何的图形、符号、数字等，如果没有将用户空虚的、不确定的自我显化、可感化、可操作化的功能，就没有价值，更不会对用户发挥驱动作用。

无论是产品空间、品牌空间、会员空间，还是服务空间等，如果不以塑造用户的自我、强化用户的自我感为原则，即使品牌发展空间再大也无法获得有效的增长。无论是打造闭环，还是循环底层逻辑，都是在为用户打造自我空间，没有空间感就没有可能，没有可能就没有增长。增长空间让闭环和循环形成了一个持续有效的自我强化生态。

第四章

多巴胺控点三：固化连接

如何通过固化的连接触发
用户的"无脑反应"

1. 连接固化激发用户的"无脑"行为

大脑强化连接是为了固化连接，固化连接是为了确定连接是稳定不变的。

在沃尔弗拉姆·舒尔茨教授的实验中，猴子大脑中的多巴胺对"喝到果汁"反应了几次后居然停止了反应。如果多巴胺是奖赏细胞或者快乐分子，那么在猴子喝到果汁后，多巴胺应该继续释放才对，为什么多巴胺没反应了呢？很显然多巴胺并不是被愉悦感和奖赏调控的，而是被连接的意志调控的。猴子再次喝到果汁，多巴胺不再释放，这是因为猴子连续几次喝到果汁，大脑中"管子"和"果汁"的连接通过重复固化了。连接固化意味着事物之间的关联不变了，意味着局面完全在掌握之中了。

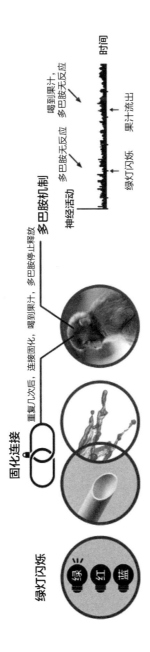

　　多巴胺是被自我强化的意志调控的。连接不确定时，大脑驱动我们采用方法和策略去确定连接，我们才会有掌控感和价值感，确定连接的行为才具备自我强化功能。一旦连接固化，之前不确定的可能变成了确定的事实，努力与不努力都没有变化。没有了大脑发挥和表达的空间，大脑不能再从中体验到掌控感和价值感。让大脑有强烈掌控感和价值感的是不确定性，是努力掌控的过程。自我强化的意志是由不确定性激活的，一旦确定和固化，大脑借助事物进行自我强化的意志就没有了。自我强化的意志是多巴胺的开关。如果自我强化的意志没有了，多巴胺就停止反应。

　　当猴子重复喝到果汁时，大脑确定管子与果汁存在连接，操控连接的意志消失了，所以多巴胺不再产生反应。

　　大脑之所以时刻在建立连接，是为了将复杂、混乱、无序的生存环境变得有秩序和模式化。在事物之间建立模式和秩序是大脑进行自我强化的核心意志。这样，我们才能超越突破局限，生活在一个稳定，而不是无法掌控的世界里。固化连接的意志来自自我强化的意志，强化的"我"有能力在这个充满不确定性的世界生存。

　　多巴胺的终极目标是让不确定变成确定，让不确定的连接变成固化的连接，从而让大脑形成模式化反应，也就是"无脑"反应。"无脑"反应是大脑将多巴胺的"手动"模式切换成了"自动"模式。大脑在接收到某种信息时会习惯性地、机械地、自动地做出某种反应，而不再需要理性决策和思维的过程。诺贝尔经济学奖得主卡尼曼提出了一个"快思维"与"慢思维"的理论。其实快思维就是大脑在事物之间建立的连接固化了，因此做出的无意识反应。快思维是大脑神经连接固化的结果。而慢思维是连接还没有固化，需要有意识的思维才能做出决策。连接固化是为了节省大脑资源，从而不费力气地生存。我们的大部分行为都是依赖固化连接做出的，都是"无脑"反应。

连接固化后，人们会形成两种模式化反应，一种是机械的、自动的反应。看到红色的苹果就认为它是甜的；看到产品包装上写着反式脂肪酸为 0，就会认为它很健康。模式化反应让我们一想到游戏中的某个情景就会不自觉地拿起手机等。这些行为在很多时候没有理性可言，只是大脑在接触相关信息后做出的习惯反应。人们重复做的强迫行为在很大程度上是一种"无脑"行为。

连接固化导致的另一个模式化反应是没有反应和不

予理睬。在这个实验中，猴子始终对红灯没有反应，其原因就是猴子通过学习知道红灯与果汁没有关系。所以它才会对红灯没有反应。这也是连接固化的结果。但是红灯真的与果汁没有关系吗？不一定。只是这时猴子通过学习认为红灯与果汁没有关系。

　　这里我们要明白一点，如果机械的反应中没有渴望和期待，多巴胺便不会产生反应；如果机械的反应中有渴望和期待，就需要多巴胺的参与。我们之所以对烟、酒、咖啡等东西上瘾，一方面是我们知道它与一种稳定的感觉紧密地关联在一起，只要我们吸烟就会获得那种愉悦的感觉。另一方面是大脑对这种关联的确定感大大提升了我们对这些事物的渴望。只要我们与这样的事物连接就可以让自己拥有某种状态。这种确定和坚信感让我们坚信只要与事物建立连接，自我就能进入某种暂时突破自身局限的可能状态。这种确定感会让大脑产生"瘾"。"瘾"是大脑对渴望本身产生了强烈的渴望。这种对渴望本身的渴望远超对事实的渴望。当大脑确定和坚信做某事就能获得某种好处的时候，那么这对大脑来说就是无力抗拒的。它让大脑确定有个可能的自我正在等着自己。只要自己采取行动就能拥抱到可能的自我。我们大部分的瘾都是由对可能自我的坚信和确定引发的，不是纯粹为了烟、酒、咖啡。任何让人们上瘾的事物都是可能自我的"承载者"。

大部分品牌营销的底层逻辑都是在利用大脑固化连接的原理，在用户的大脑中塑造品牌和商家的确定印象——让用户确定品牌能表达和塑造自我。如果没有这种确定的信念。用户是不会对其产生信任和忠诚的。用户与品牌和产品的关系也是从建立稳定的心理关系开始的。固化连接是用户借助品牌和产品强化自我的根基。不然，用户不会"以身相许"——借助品牌来表达自我。

什么是抢占用户的心智？就是在用户的大脑中形成固化连接，让用户对其形成模式反应。固化连接是让用户快速认出品牌和产品，为其在大脑中留出一席之地的方式。固化连接是商家进入用户大脑的"免检"通行证。接下来，我和大家分享 5 种利用固化连接抢占用户心智的方法。

2. 无脑反应之一：植入"钩子"

在用户的大脑中植入"钩子"，是借助固化连接触发用户模式化反应最常见的方式。"钩子"是指在用户的大脑中植入的一个固定不变的、具有绝对吸引力的固化连接。这个固化连接可带动用户进行深度消费。一个"钩子"需要具备三个条件：第一，确定的收益；第二，鲜明的优势；第三，重复。

在宜家，你可以记不住别的产品的价格，但是有一款产品的价格你会记住。它就是1元的冰激凌，它的年销将近2000万个。它固定不变的价格和口感已经在顾客的心中形成了确定感。每次去宜家，你感觉要是不吃一个1元的冰激凌都亏。在宜家，这种固化的连接不止一个，比如免费的咖啡、9.9元的产品等。当你想到宜家，就会想到这些固化的连接。其实，很多女孩周末有去逛宜家的渴望，并不是要买什么，单纯的就是想要去逛逛。这种说不出理由的冲动的内在驱动力，是能吃到1元的冰激凌或喝杯免费的咖啡。但是，很多人并没有意识到这种确定感在召唤自己。

为什么抖音会成为大众平台，其中一个主要原因是抖音会分发给每条内容三四百的基础流量。这其实就是在用户心中植入了一个固定连接，只要用户发视频，就会有固定的人看到。很多用户发视频就是为了抖音给的这些基础流量。因为在用户的心中，流量等于可能，没有流量就毫无可能。如果没有基础流量，用户制作视频的积极性会下降。确定的基础流量在这其中就发挥着"钩子"的功能。其实，当你真正知道驱动用户的核心机制是确定的可能时，你就知道哪些策略是有效的，哪些策略是无效的。承载着确定感的固化连接就像"咒语"，对用户有召唤功能。

有些超市在打造"钩子"上也煞费苦心。它们会将一些大众的产品以明显低于市场价的价格，放在最显眼的位置销售。比如，将市场价为 7 元的砂糖橘卖三四元。每天买菜的顾客会转遍社区的每个超市。一旦发现有的超市有这种明显低于市场价的产品，就在他们心中形成了"钩子"。"钩子"产品都有一个特点，就是让顾客买到就能得到实实在在的好处。这里要注意一点，"钩子"要让顾客明显感觉到某个产品有市场优势，比如价格明显偏低、品质明显更好等，而不是每个产品的普遍优势。普遍优势不太容易形成"钩子"。因为"钩子"的特点是先入为主。鲜明的优势在大脑中会优先浮现。鲜明的优势是形成"钩子"的第二个条件。大脑的核心功能是抗拒不确定性，当我们从信息中获得鲜明的优势和确定的好处时，大脑会确定这样的事情稳赚不赔。确定的、鲜明的好处对自我有强化功能，会驱动我们做出积极的消费行为。

打造一个产品的卖点也是这样的原理，如果一个产品有 100 个卖点，在用户心中就等于没有卖点。商家只有将一个卖点打造得鲜明和具有绝对优势，才能对用户的消费行为发挥驱动作用。比如，一款咖啡有产地、浓香、口感、加工方式等优势，这些优势都堆在一起就等于没有优势，因为没有一个优势能优先浮现在脑海中。如果你只突出一个卖点，比如喝一杯提神一整天，用户就会更容易记住。这样的卖点也更容易驱动用户的行为。原因就是咖啡对自我的强化功能——喝一杯能让自己长时间保持清醒。总之，商家要先学会打造绝对优势，而不是普遍优势。

打造"钩子"的第三个条件就是重复。"钩子"有一个核心功能就是提升用户消费的频次。如果"钩子"非常具有吸引力，但是重复性低，那么"钩子"的效果就会变弱。有的连锁便利店会把某款三明治或者咖啡的价格定得很低，就是在打造一个"重复"的"钩子"。一方面是牛奶、咖啡、矿泉水、三明治等产品本身可以重复购买，可以吃了一个又一个，喝了一瓶又一瓶。另外，这样的产品有多次吸引顾客进店的机会，比如早晨、中午、晚上，每次吃饭的时候都有可能吸引这些人进店消费。只要顾客能进店，大概率就会购买其他产品。另外，有些卖米线的餐厅推出"无限免费续米线"的服务，这是从别的层面在利用"钩子"的重复属性吸引顾客。这样让顾客感觉自己选择这家餐厅就获得了免费重复吃的机会，也就是"重复"这个属性在很大程度上就能形成了"钩子"。

"钩子"有一个非常重要的原理就是聚焦原理。一旦大脑聚焦在某个点上，就会放大聚焦事情的重要性，因为聚焦即注意，注意即重要。再加上"钩子"制造的确定性，用户就会产生强烈的冲动。这个时候"钩子"就有了另外一种优势——抗干扰。比如，一想到1元的冰激凌，就已经忘了来回的车费和要花半天的时间等，而只是执着于1元冰激凌的便宜。"钩子"就是借助固化连接打造商家在用户心中的竞争优势。

3. 无脑反应之二：导入"指令"

很多时候大脑中的模式并不只是与具体的事物关联在一起的，而是与某种形式关联在一起的。这些表现形式就像指令一样，也会触发大脑的模式化反应。所以，只要商家对品牌和产品的表现形式稍作调整，就会改变用户对其的态度和认知。接下来，我和大家分享三种常见的能够触发用户模式化反应的指令。

第一种指令，强调即重要。日本的一个企业在超市做过一项研究。他们在超市里的显著位置放了两款包装基本相同的巧克力，不同的是 A 款的产品包装上大大地写着"本产品郑重承诺，可可脂含量大于 75%"。结果发现，A 款产品的销量是 B 款产品的好几倍。然后，研究人员在另一家超市将 B 款的产品包装上大大地写着"本产品郑重承诺，可可脂含量小于 5%"。结果发现，B 款产品的销量是 A 款产品的好几倍。通过对用户调查发现，用户很多时候无法识别可可脂大于 75% 好还是小于 5% 好，而会认为强调什么，什么就是好的。在用户的大脑中"强调即重要"。所以，采用强调的指令来传达产品信息的产品会卖得好。

当我们在超市看到标黄或者标红的价签就会认为其产品在促销，但其实不见得便宜。在超市显著的位置设置产品展台，用户就会认为展台上的产品是便宜、热销的。"强调"是用户快速识别是否重要和好坏的途径。当用户可以通过强调这种形式快速识别出好坏的时候，就会对自我产生强化，这意味着"我知道什么是好，什么是坏，我知道什么重要"。记住，能让大脑快速识别出好坏的表现形式对用户有自我强化作用，也很容易触发用户的消费行为。

第二种指令，限制即价值。我们来做个小测试：你可以不去想一头白熊吗？你的理智告诉自己不要想，但是你的大脑还是不自觉地想象一只白熊的样子。这就是大脑在接收到一个"不要想"的指令，激发了大脑的模式化反应。而这个指令的核心模式就是"限制"。限制这个工具用得好可以产生神奇的魅力和吸引力。只要让用户感受到限制，大脑就会启动模式反应——超越局限和突破局限，以此来强化自我。比如，某款小吃限制每人只能购买一份，这样就激起了人们吃的渴望。限制是创造价值的核心模式。产品的价值很多时候是通过限制来实现的。"每人只能购买一份"还会让人们感觉稀缺和抢手，产品在用户心中的价值会瞬间提升。

支付宝里曾经有个消费获得奖励金的活动。每次奖励的金额都不多，也就几角，很少能领到几元。但是这几角的奖励金就设置了四五层限制。首先用户只能在周日到周四消费，而且采用支付宝扫码付款才能领取奖励金。领完奖励金后，系统设置了一个奖励金翻倍的环节，点击奖励金翻倍的用户就会得到双倍的奖励金。领完奖励金后消费这些奖励金还有一层限制，用户只能在周五和周六花掉奖励金。为什么不一次性给用户奖励，又为什么不让用户随意消费呢？原因就是为了使奖励金的价值最大化。系统设置的每层限制都是在提升奖励金的价值，引导用户深度体验。如果没有这些限制，用户领取奖励金就没什么感觉，用掉奖励金也没什么感觉，没感觉就没价值。如果没有这些限制，很多用户也许根本都看不上这些奖励金，是限制这种指令在为用户制造局限，从而激发用户突破局限的模式化反应。限制是使有限的价值最大化的最有效的方法。我们一定要记住，一旦限制，就会增值。

第三种指令，比较即好坏。心理学家丹·艾瑞里（Dan Ariely）认为，人们不会用绝对价值对事物进行判断，而是使用比较的方法对其价值进行判断。无法用绝对价值对事物进行判断是人们的局限。而超越这种局限的方式之一就是通过比较识别好坏。所以，比较这种形式就是用户做出价值判断的重要方式。比如，只看 A 品牌的榨汁机标价 199 元，用户判断不了它是贵还是便宜。

如果与标价 399 元的 B 品牌的榨汁机进行比较，用户就会马上发现 A 品牌是便宜的。但是 199 元真的便宜吗？399 元的产品会更好吗？不见得。但是一比较，用户就会感觉 A 品牌是便宜的，但 B 品牌的品质更好。

如果你只是给用户说产品技术先进，用户是没有感觉的。但如果你做个比较，产品的优势就会立马显现出来。比如，有的商家强调，我们的牛仔裤采用的是赤耳包边方式，用户根本不知道这种包边方式好在哪里。如果你把普通包边和赤耳包边的两条裤子放在一起比较，用户立马就会知道赤耳包边好在哪里了。这就是比较的效果。记住在展示产品的时候我们要积极主动地进行比较。比较就是在创造价值和彰显价值。比较的形式是被大脑模式化的，使用得当就会触发用户的模式化反应。

大部分时候，用户是通过比较做出决策的。购物平台的搜索引擎不但有收集功能，还有比较功能，而对用户消费起着决定性作用的就是比较功能。用户可以对检索的产品进行各个层面的比较，比如价格、设计、优惠力度等。用户通过比较，最终决定购买哪个产品。同样，在超市购物也是如此，多个同类产品放在同一个货架上，有利于用户进行比较。产品的价格、包装、工艺、材质等差异成了直观的比较信息。所以，我们一定要有一种比较思维，一定要意识到我们的产品与其他的产品是在同一个货架上竞争的。只有掌握了比较思维，产品才有脱颖而出的机会。我们一定要知道的是，比较时并不存在客观的标准，它可好可坏。关键是掌握比较的技巧和方法。

除了强调、比较、限制，还有很多形式都在用户的大脑中被模式化了，只要你巧妙地运用就能激发用户的模式反应，比如主动展示、重复、放大细节等这些表现形式都能激活用户的模式化反应。但是，我们要深度意识到一点，这些触发用户模式化反应的形式都遵循一个深层逻辑，就是都在帮助用户超越自身的局限。它们都是用户自我强化的渠道和工具。所以，所有与用户互动的信息触发点都是用户的局限。如果抓不住用户的局限，就只会产生无效信息。

4. 无脑反应之三：无障"通行证"

我们的大脑中存在各种固化的连接。而这些固化连接都有一个功能就是帮助用户超越局限。所以，大脑是被固化连接格式化了。打造品牌和产品就是在利用这些固化连接来塑造产品和品牌，从而触发用户的模式化反应。牢记一点，大脑是借助模式来强化自我的。

我们先来看商家如何借助感官的固化连接触发模式化反应。首先是视觉模式。红色在大脑中与"促销""火爆""热烈"等词关联在一起。很多品牌会将品牌的主色调设计成红色，比如肯德基、可口可乐、优衣库等。当用户接触这样的色调信息，就会启动用户模式化反应，就会驱动用户产生接触、参与的冲动。其次是借助听觉模式。在电商大促中，有些网购平台会推出抢红包的活动。手机屏幕上瞬间散落下很多红包，用户可以快速点击领取，而且用户每次点击都能听到金币掉落的声音。这样的声音会刺激大脑从而使用户非常卖力地点击屏幕。又比如，手机的短信提示声"叮"。当大家坐在一起聊天的时候，忽然听到"叮"一声，大家会不自觉地伸手去拿自己的手机。这就是通过听觉模式触发机械反应。

固化连接最重要的功能是塑造我们对事物的认知。刻板印象就是连接固化后形成的。刻板印象是指人们普遍认为某个群体的成员具有某种相同的特点，比如程序员喜欢穿格子衫、戴眼镜等。连接固化还会形成光环效应。如果你认为一个人具有某种积极正面的特质，那么这种积极正面的特质会关联到其他的品质，比如一个人很出名，我们就会认为他很有经营头脑、很会赚钱、知道该怎么生活等。标签效应也是连接固化后产生的。只要我们给某个产品贴上某个标签，比如纯天然、原生态、零糖、零脂肪的标签，用户就会认为它是那样的产品。我们心中的一切认知偏见也是连接固化的结果。比如，我们会认为 6 和 8 是吉利的数字；贵的就是好的；包装精美的产品的品质也会很好等。我们的很多心理效应的底层逻辑都是连接固化。

我在《带感》这本书里，关于操控用户感觉控点的内容中，提过一个叫模式预制的控制点。大脑总是试图从信息中获取某种模式，然后借助获取的模式做出反应。让产品入流、入格、入形，就是将其导入情感鲜明的模式里，触发用户模式化的反应。比如，有两款防晒服在款式、颜色、价格上没有特别大的区别，只是裁剪上有些细微的不同。如果产品介绍指出其中一款是修身或者运动款的裁剪方式，那么用户就会感觉这款衣服更加正统和精致。再比如，用户很难对不知名的咖啡有好感，但是一旦为其标上产地，如瑞士或者意大利，咖啡的价值就会显现出来。这就是入格和入流创造出来的价值。

这就是在将产品导入了某种模式并与用户大脑中某种固化的连接关联起来后启动的模式化反应。

我们一定要记住一点，我们始终是在借助用户容易接受的连接模式去包装用户不容易接受的连接。短视频带货就是利用用户容易接受的内容连接模式去包装带货模式。这样用户会更容易接受产品。比如，某款调味酱的视频，其标题是"和大家分享一道孩子们都爱吃的打卤面"。视频内容会先介绍准备哪些食材，怎么处理，接着下放什么。在关键的环节会说，这个打卤面的灵魂就是这个调味酱，××品牌的调味酱，缺它不可，这也是孩子们喜欢吃这面的关键。这样一来，视频就将打卤面与孩子喜欢吃紧密地关联在一起，让用户感觉要想让孩子喜欢吃面，缺它不可。这就是借助内容模式包装产品。它会让用户在不知不觉中看完整个产品介绍。这也是小红书、知乎等平台受欢迎的原因。

当然，很多产品和品牌的失败在很大程度上也是关联的失败。因为品牌和产品与一些负面的信息关联在一起。比如，可口可乐曾推出过利用回收的塑料制造可乐瓶。虽然这是在提倡环保意识，但是很难逆转用户的大脑中回收塑料瓶与垃圾关联在一起的固化连接。如果商家真的加大对这种关联的宣传，将对产品的销量产生巨大的影响。再比如，有的茶饮料包装做成口服液似的浓缩包装，有些咖啡设计成针管式的按压包装。这样的设计是很新颖，也很方便。但是它们都与一些负面的认知模式—药—关联在一起。还有一点就是用户有追求新鲜感的需求。这样复杂的包装也会让用户将其与不新鲜感关联在一起。

同样，商家也要避免让用户将产品和品牌与不相干的事物关联在一起。比如，有一款酒把瓶子的形状和颜色设计成了与花露水相似的样子。用户看到这样的设计就会想到花露水，喝的时候总会有"喝花露水"的感觉。这是商家缺乏基本的用户思维才会造成这样的失误。

打造品牌和产品在很大程度上就是建立关联。与用户大脑中某种固化连接关联起来就是进入用户大脑的"通行证"。

5. 无脑反应之四：占据"反应优势"

我们来思考一个问题，我们学习穿搭的目的是什么？

是为了塑造鲜明的个性——打造模式，让他人在看到自己的一瞬间就能感受到自己是怎样一个人。穿搭就是为了让他人快速地识别自己属于哪种风格，从而触发他人的模式化反应。

同样，打造品牌、平台的目的也是为了打造模式。让用户对品牌和平台形成模式化的反应。提到拼多多，你会想到什么？是不是便宜？平台打造这样的认知模式就是为了让用户想到拼多多的时候产生模式化的反应，让拼多多与廉价形成强关联。

不管一个品牌与平台有多大，它的终极目标只有一个——打造模式，形成模式才能建立强关联。像京东这样的购物平台，为用户提供的每一项服务和采用的每个用户策略，都是试图把用户导入一种模式，用模式来启动用户的模式化反应，比如大促、秒杀、直播、发放购物满减优惠券、评论赚京豆、白条服务等。这些服务都是为了在用户的大脑中构建一个消费模式，让用户想到消费的第一时间就想到京东。

京东成功的其中一个原因是它将各个层面的模式化都做得比较到位。它将整个在线购物的行为系统完整地模式化了。比如，用户每次在京东购物，送快递的快递员都穿同样的制服。这就是物流配送模式化。这种模式中有秩序、有确定、有情感。这样的模式化让用户获得了与平台稳定的连接。而如果是在其他平台购物，用户不知道给自己送货的是哪家物流公司。甚至有时候货到了，用户不打开包裹都不知道是在什么平台买的什么产品。模式建立不起来就无法形成固化连接。这样的购物体验让用户没有安全感、信任感和亲切感，也无法发挥自我强化的作用。

星巴克精心设计了鲜明的商标，统一的产品包装，以及个性化的店铺形象，这一切都是为了与用户建立固化的连接，让用户对品牌产生模式化的反应。就像星巴克的CEO舒尔茨说的那样："星巴克的每个店铺的装饰和布局都是经过精心设计的。用户在店里看到的、接触到的、闻到的或者尝到的每一样东西，都有助于加深他们的品牌印象。所有的感官线索都必须符合同样的高标准。艺术品、音乐等外在的一切信息都体现着星巴克咖啡的魅力……"这一切精心的设计都是在将咖啡导入高品质、高档次、高体验的模式，让星巴克和咖啡在用户的大脑中形成了强关联，一提到咖啡第一时间想到星巴克。

强关联就是占据大脑的第一反应优势，比如想到优质奶源第一时间想到内蒙古，想到空调第一时间想到格力，想到办公用品第一时间想到得力等，这就是强关联。

定位理论就是依托大脑模式反应提出的最成功的品牌营销的理论。"定位"告诉你，你的用户是谁，你有什么特别之处。定位理论其实就是让用户对品牌形成固化的认知，从而让用户对品牌形成模式化的反应。

模式一旦形成会具有排他性，反过来影响用户的行为。我们通过对抖音直播用户的停留时长的研究发现，用户的停留时长与主播的语速和释放的信息量存在关联。主播语速快，或者直播间多人直播，你一言我一语，释放大量的信息，都能增加用户在直播间的停留时间。之所以会出现这样的现象，与模式的塑造有直接关联。为了制造紧迫感，大部分主播的语速都很快。用户刚开始看手机，连续观看几个直播间，大脑中对直播的模式化反应就形成了，如果用户刷到一个语速较慢的主播，就打破了之前的模式，用户就会不耐烦，一扫而过。所以，要想增加用户在直播间的停留时长，就要符合直播塑造的模式。这就是直播模式一旦建立就在反过来塑造用户的行为，同时让用户对不符合这种模式的直播间产生排斥心理。

多巴胺自我强化理论认为，打造品牌、平台的终极目标就是在与用户的互动中建立模式。因为混乱的模式不会在用户的心中占据稳定的位置。没有稳定的位置就没有强关联。没有强关联就没有自我强化的功能。人们要的就是借助稳定、确定的事物来强化自我。混乱和无序只能将用户的自我重新变得空虚和不确定。

6. 无脑反应之五：开启"障眼法"

模式化反应还有另外一种被商家采用的方式，就是不予反应。大脑中的固化连接一旦受到刺激，就会自觉自动地做出反应。为了应对这种情况，我们可以通过降低刺激和掩饰刺激的方式，让大脑对刺激不要做出反应。

有一款儿童识字的手机应用。它让小朋友们把不同的偏旁部首组合成多个汉字。组合成功，系统就会反馈鲜明的音效和炫丽的视觉效果，以此作为答对的奖励。如果组合出的汉字是错误的，系统则不会给出鲜明的反馈，而是给一个微弱的反馈音效和普通的画面提示。这种放大正确反馈，减弱错误反馈的做法，是因为正向反馈会驱动用户的积极行为，负向反馈会抑制用户的积极行为。系统这样设计，是在刻意降低错误对大脑的刺激，让大脑忽略错误的决策，从而降低大脑对错误的反应。如果系统在答错时做出了像答对那样鲜明的反馈效果，就会提升大脑对错误的反应，会让孩子们体验到一种强烈的挫败感，会打击小朋友识字的积极性。这样一来，小朋友对这款识字应用就会产生抗拒心理。所以，在产品的使用中，那些会让用户产生负面感受的刺激，要尽量采用弱反馈或者无反馈的策略，要尽量让用户忽视负面的感受，这样才可以驱动用户的深度互动和深度体验。

这也是在通过固化连接给用户开启"障眼法"。这种障眼法就是把利润掩饰和隐藏在廉价的模式中。

连接固化会形成一种路径依赖。路径依赖从心理学的角度来理解就是人的行为存在惯性。人们的某个行为一旦固化，就会形成习惯。人们就被引入了一个固化的路径，就会对这个路径不自觉地产生依赖。如果我们不能有意识地调整这种行为惯性，我们就会任由自己沿着这条路径走下去。

　　路径依赖有益有弊。有益的一面我们已经讲得比较多了。我们再来看一下它的弊端。第一个弊端就是它会让我们变得麻木，不断地做一些无效的行为。你知道为什么微商没有以前那么火爆了吗？我们可以去看看整天在微信朋友圈中发广告的那些人，你有没有发现他们发的朋友圈有什么共同的特点。是不是对于他们发的朋友圈，你即便不看详情也知道他们是在发广告呢？因为他们发的内容已经模式化了，这样的模式化一方面会让他们做工作没有效率，另一个弊端会让用户对这种模式形成模式化反应——不看。

　　路径依赖一旦形成，便不容易逆转。这是路径依赖的最大弊端比如，用户对品牌形成固化连接，品牌要想向其他的领域转型发展，用户不容易接受。限制不仅来自用户对其的固化认知，也来自企业自身的固化思维。大部分品牌、平台、社群走向衰败的原因都是连接固化。

　　我们一定要深刻地认识到一点，商家受益于在用户的大脑中形成的固化连接，同时也会受限于这种固化连接。也就是说，商家可以用固化连接给用户使用障眼法，但是固化连接同时也会成为商家蒙蔽自己的障眼法。这其中的深层逻辑就是我们依赖这些固化连接来自我强化，依赖这些固化的连接来感受"我"。商家的路越走越窄的原因之一就是商家没有能力打破自己对路径的依赖。

第五章

多巴胺控点四：超级连接

如何让"脑补线索"对用户的
刺激无处不在

1. 多巴胺驱动的认知飞跃

　　大脑连接的意志并没有止步于固化的意志。连接一旦固化，大脑连接的意志就会进行一次飞跃性的升级，也就是建立超级连接。所以，当连接固化后，要想继续刺激多巴胺释放，就可以利用大脑建立超级连接的意志。超级连接就是超越直接连接，建立间接连接。

　　在舒尔茨教授的试验中，猴子重复喝了几次果汁后，多巴胺便不再对喝到果汁做出反应，而是看到绿灯闪烁便开始反应。值得注意的是，在这个阶段，猴子看到绿灯闪烁时多巴胺便开始反应，而喝到果汁时多巴胺却没有反应了。这是为什么？

　　我们可以发现：

　　首先，多巴胺并不只是快乐分子，因为猴子在喝到果汁时没有反应。如果多巴胺产生反应是因为猴子喝到果汁的愉悦感，那么，只要它喝到果汁，多巴胺就应该产生反应。

其次，多巴胺也不仅仅是奖赏分子，因为这个时候只是绿灯亮了，猴子还没有喝到果汁——奖赏还没有发生。

当然，多巴胺也不仅仅是对预测奖赏误差的反应，因为在这个阶段猴子只对绿灯反应——只是对奖赏的预测，没有产生实际的奖赏，所以没有产生误差。

多巴胺真是预测奖赏分子吗？如果是，那么为什么之前猴子在连续喝到果汁的时候会激活多巴胺呢？很显然多巴胺也并非单纯的预测奖赏分子。

多巴胺自我强化理论认为猴子看到绿灯便开始反应，更多是由大脑建立超级连接的意志导致的，目的是驱动猴子与果汁建立超级连接来进一步提升对果汁的掌控感。我们一定要意识到一点，这时猴子对绿灯的反应是以学习为前提的，是猴子通过一次次的学习，知道了绿灯与果汁流出存在关联——猴子建立了果汁与绿灯的间接连接。

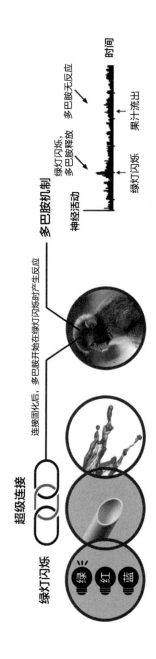

最近的一项研究发现，多巴胺在驱动大脑对产生奖励的原因进行关联学习，也就是大脑通过回顾奖励出现之前的线索来推导出是什么导致了奖励出现。比如，猴子喝到果汁时，会推导出导致这个结果的原因是什么——绿灯的闪烁。这项研究证实了多巴胺在因果关系的学习中扮演着重要角色。也正是因为大脑有这种由结果推出原因的机制，才使大脑知道了绿灯是果汁出现的原因。正因为大脑有了回溯、回顾性的学习，根据结果建立因果关联的能力，才使大脑能够通过线索预测未来结果。多巴胺在因果学习中发挥着作用，也在预测未来时发挥着作用。这两种能力都是服务于大脑的连接意志的——更高效、更精准的连接。

为什么猴子的意志会升级为建立超级连接呢？因为大脑产生了由被动连接转变为主动掌控连接的意志。猴子喝到果汁是直接连接，喝到才能连到，这对于猴子的生存来说存在巨大的局限性——不可控、不可操作、不能自主连接。这种局限性激起了大脑突破这种局限的意志——建立超级连接。猴子想要知道果汁什么时候、什么情况下会从管子中流出来，想要掌握得到果汁的方法，而不是只有当管子中流出果汁时才能喝到果汁。多巴胺对绿灯产生反应是因为猴子在绿灯与果汁之间建立了超级连接，让猴子学会主动预测果汁的流出和自主操控得到果汁。建立超级连接大大提升了猴子的自主性和掌控感。

从直接连接升级为间接连接是大脑适应环境和掌控环境的一次飞跃性的革命。这就好比你吃到一个很甜的苹果后，在甜与苹果之间建立了直接连接。接下来你渴望掌握吃到甜苹果的方法，而不是只有吃到甜苹果的时候，才知道它是甜苹果。在这种意志的驱动下，大脑会积极地搜索与甜苹果相关的线索，比如试图通过大小、味道、纹理、色泽、品种、场景等线索来建立超级连接，方便自己在需要、想要吃甜苹果的时候找到甜苹果。这时大脑的意志是在未来更精准、更高效、更快地找到甜苹果。这就是在建立超级连接。直接连接是靠天吃饭，而间接连接是试图自给自足。间接连接是自己积极主动地根据与食物连接的线索去找到食物。

超级连接是围绕直接连接建立起更快、更超前（提前）、更宽泛、更高效、更多线索、更省时间的连接。超级连接是对原有连接的进一步升华，它是对时间、空间、直接关联局限的超越。超级连接更具有前瞻性和预测性。多巴胺对超级连接的反应是在驱动用户主动驾驭连接。

用户对大部分事物的感知都依赖超级连接。因为用户感知的局限性决定了他们无法全面、彻底地了解产品、品牌。用户是根据自己对产品、品牌的了解推演和模拟对其感知的。在生活中，谁也不可能为了买瓶洗发水去了解它的制造工艺，也不可能为了买辆车去学习汽车的制造和运作原理，更不可能为了认识一个人去查他的家族史。人们对大多数事物都所知甚少。关键是人们也懒得花时间了解这些。人们完全是靠与事物相关的线索来认知事物的。

超级连接会引发大脑对事物的模拟和渲染——脑补。脑补是在启动多巴胺对产品和品牌的渲染，让大脑感受到和看到品牌和产品承载的美好可能，这会大大增加大脑对连接的渴望和期待。所以，要想高效地调控用户的多巴胺，就要在打造超级线索方面下功夫。超级线索是点燃多巴胺的导火索。

广告引流是与用户建立连接，重塑连接是与用户建立稳定的关系，而打造超级线索就是让用户随时认出、想起产品和品牌。线索思维是一种渗透式的连接模式，是在用户的生活和大脑中种下更多激活多巴胺的种子。通过连接线索对用户的生活的渗透，品牌对多巴胺的调控占据主动权，让线索在不知不觉中唤起用户对产品的渴望。接下来我就和大家分享 5 种打造超级线索的方法，让品牌线索渗透用户的生活。

2. 无感触发之一：线索"可感化"

我给大家分享一个故事。孔子从曲阜到洛阳去见老子，一路风餐露宿，几个月后，他终于到了洛阳城。在城外，孔子看到一辆马车，旁边站着一个七十多岁的老人，身穿长袍，头发和胡子全白了，看上去很有学问。孔子心想，这恐怕就是要拜访的老师了。于是上前行礼，问道："老人家，您就是老聃先生吧？"老子就纳闷地问："你是谁？"老子很是不解，这个风尘仆仆的年轻人是怎样一眼就认出了自己的。别说老子纳闷，我们也会纳闷，孔子从来没有见过老子，他怎样认出老子呢？通过线索。孔子通过身穿长衫、白头发、白胡须这些线索认出老子。没有这些线索，孔子是认不出老子的。同样，如果没有品牌商标，我们也无法区分不同品牌。我们通过与品牌相关的线索认出品牌。同样，没有线索，我们也认不出什么是好，什么是坏。

首先，我们对品牌和产品的感知不是全面的，而是以点带面、以表及里的感知。这些更多是借助超级线索来想象和模拟实现的。其次，品牌很多时候在打造的是价值观或理念、概念。用户不能直观地感受到它们的内涵。这时我们就需要借助超级连接来解决用户对其的感知。

所以，打造品牌和产品在很大程度上就是在打造线索，而打造线索也需要遵循可感和可识别的原则。可感和可识别并不是单纯地看见、听见、摸到，更加重要的是让线索带上鲜明的情感。因为超级线索的存在是为了激活多巴胺的渲染功能。而渲染的方向是由线索带的情感决定的——好的想得更好，坏的想得更坏。大脑一旦从信息中获取情感，那么它对信息的判断就会出现偏差，就会被情感影响。

品牌的标志和符号就是人们感知品牌的核心可感线索。品牌设计的品牌形象，比如京东的狗吉祥物形象、天猫的猫吉祥物形象、腾讯的企鹅形象等都是在打造品牌的超级线索。这其中最重要的一点就是，不同的动物带有不同的情感。动物让品牌情感容易被识别，也容易被用户想起，容易形成超级连接。用户接触到这些超级线索能激发用户对平台的连接。这些线索让品牌和平台可感知，而不是一些人、一些办公楼、厂房、机器的混乱集合。这些线索赋了品牌生命和灵魂。

产品和品牌采用的技术或者理念，很多时候并不能让用户直接通过感官感受到。所以，我们对品牌、产品的技术和理念的感知更多是依赖可感的超级线索。比如，有些产品采用了纳米技术等，我们感知不到这些技术，我们只有借助一些可感的超级线索来对其产生感知。

说到干果，人们会特别关注保鲜的问题。洽洽瓜子在宣传中强调它们"掌握了关键的保鲜技术"，但是并没有说是什么技术。当用户关注洽洽瓜子的信息时，会想要知道它们到底采用了什么新技术。这个问题会留在大脑的潜意识中。用户在接触产品的时候，会无意识地寻找相关线索。用户在打开一小包洽洽瓜子的时候，发现里面有一大一小两个干燥剂。用户就会认为这也许就是他们的保鲜技术了。因为在我们的印象中干燥剂一般只放一包。大脑会认为一大一小两包干燥剂就是恰恰瓜子的"关键保鲜技术"。两包干燥剂就成了让用户感知到产品采用了特殊保鲜技术的感知线索。

有的品牌手表采用了防水技术。如果只是在包装上标注手表是可以防水的，那么这种卖点就是不可感的。品牌为了让这个卖点可感，直接将手表放在装有水的透明袋子里，这样一来，防水的卖点瞬间变得可感，能触达用户的大脑深处。比如，南孚的聚能电池在底部加了一个红色的圆环，称其为聚能环。这就是将产品的技术线索化和可感化。

另外，我们解决用户对品牌和产品的任何认知、信任的问题都可以通过可感线索进行解决。比如，很多用户担心自己喝的桶装水是假的。商家该如何通过可感的超级线索来消除用户的顾虑呢？商家采用了二维码作为可感真假的超级线索。只要用户扫一下包装封口处的二维码，马上就知道这桶水是真是假。这就是利用二维码这个超级线索让用户感知水的真假。这样一来，商家就成功消除了用户的顾虑。比如，有的羽绒服的产品标签上挂着一个透明的小塑料袋，里面装着几片绒子，这其实就是在给用户制造可感的线索，让用户不用拆开羽绒服就能感知到羽绒中填充的绒子是什么样子。直观的超级线索让用户可脑补出其内部的填充物是高品质的。

记住，无论商家想向用户传达什么信息，都是通过认出线索来实现的。如果认不出线索，信息就传达不出去，大脑就无法认出品牌、技术、工艺等。这样，产品就只是普通的产品。品牌是通过强调区别于其他品牌的识别度来提升在用户心中的信任感和确定感的。容易被认出和确定，才使品牌和产品成为用户自我强化的工具。"容易认出"给了用户能驾驭的感觉。这就像我们之所以愿意与一个人交往，是因为我们能认出他是怎样的人。这让我们有安全感。如果认不出呢？面对不确定，我们既没有安全感，也没有驾驭感。当然，我们也无法与不确定的人展开有效的互动。牢记一点，用户会抗拒不确定带来的局限。

3. 无感触发之二：线索"多元化"

大脑对事物的感知存在"预告片效应"。我们回想一个产品和品牌的时候，是由对其的几个相关的线索拼接起来形成整体印象的。就像我们看电影的预告片，几个画面拼凑在一起让我们形成了对影片的大概印象。所以，我们在打造产品和品牌的时候，也要遵循大脑的预告片效应，让大脑通过几个超级线索塑造出完美的产品和品牌印象。这就需要我们在打造超级线索时采取多元化的策略，从不同层面、不同角度打造超级线索。

　　可口可乐在广告中不断地塑造各种与产品相关的感官线索。比如，开瓶盖"砰"的一声，喝可乐打嗝的声音，喝可乐后发出的"啊"的声音，这些都是声音线索；开瓶后冒出的丰富气泡是视觉线索；用户喝可乐时的刺激感这是味觉线索等。这些都是围绕产品打造的感官线索。打造多条超级线索有一个重要的功能，就是当一条线索失效或者无法获得时，只要其他线索还存在，用户就依然能通过超级线索来获得对产品的掌控感——认为自己喝的还是可口可乐。比如，当你期待开瓶盖时可以听到"砰"的一声时，如果没有产生这样的效果，你会很失望。但是看到瓶子里冒出丰富的泡沫，你马上会认为这还是"我"喜欢喝的可口可乐。如果对可乐的感知关联起来的线索是单一的，而线索没有出现，那你就会怀疑自己喝的不是可口可乐。用户的消费行为一定是在掌控感的驱动下产生的。期待的结果没有出现，就会抑制用户的行为。可口可乐想尽办法围绕用户的感官刺激打造各种超级线索，就是为了容易让用户认出这是"我"喜欢喝的可口可乐，以此实现对自我的强化。

　　我们要明白一点，咖啡的芳香比咖啡本身更有吸引力，烤肉的香味比烤肉本身更有吸引力，啤酒丰富的泡沫比啤酒本身更有吸引力，可乐对口腔的刺激比可乐本身更有吸引力，这就是感官线索的魅力所在。感官的刺激线索会刺激多巴胺，增加大脑对其的美好感受。

除了围绕感官连接打造超级线索，我们还可以设计一些标志性的元素作为激发用户脑补的超级线索。这些标志性的元素可以让用户不看品牌的商标也能识别出这个品牌的产品。标志性元素打造的超级线索让品牌和产品变得更容易被用户识别。更重要的是它会成为品牌容易被识别的社会性语言，别人看到这样的元素就知道你用的是什么品牌的产品。打造超级线索在很大程度上可以提升品牌的辨识度。

除了围绕感官和标志性元素这两个层面打造超级线索，我们还可以围绕时间和空间两个维度来打造超级线索。

法国有一家超市推出一款及时鲜榨橙汁，名字就叫"最新鲜的鲜榨橙汁"。为了体现产品的新鲜。他们直接在包装上印上果汁榨出的时间，比如 16：45。每一瓶果

汁榨出的时间都不一样，所以，每瓶果汁上印的时间都
不一样。该产品一上市便受到用户的热捧。这就是借助
时间线索来触发用户对产品新鲜感的联想。

　　巴西贝利咖啡是一个咖啡品牌。为了打开盒装咖
啡的市场，它们面临着一个其他盒装咖啡也遇到过的难
题——用户认为盒装咖啡不新鲜。这导致大部分的盒装咖
啡销量都不高。为了提升咖啡的新鲜度，巴西贝利咖啡
便采用了在产品包装上增加能代表新鲜的时间线索。它
们与当地报社合作。每天第一时间获得当天的头条版面，
并将其印在咖啡的外包装上。采用这种方式来让用户直

观地感受到自己喝的咖啡是当天生产的。这样的时间线索彻底改变了用户对盒装咖啡的态度，使产品的订单量大增。

接下来我们来看如何打造空间线索。我们来思考两个问题：提到北京你会想到什么？提到上海你会想到什么？提到北京，我们最容易想到天安门；提到上海，我们最容易想到东方明珠塔。其实在某种意义上，它们代表了一座城市。其实，地标性建筑就是人们围绕一座城市建立的超级连接。在人们的心中，这些地标定义了一座城市。地标是一座城市的核心元素，地标是人们认出这座城市的超级线索。如果把你放在北京的一个街道，不告诉你这是北京，你是不知道自己身在北京的。人们是通过天安门、鸟巢等标志性建筑的空间线索，才强烈地感受到自己身在北京。很多人到北京一定要去逛逛天安门，不然他们就会认为没有真正到过北京。这就是空间线索的功能。

起初麦当劳和肯德基刚在国内开店的时候，会在店门口立一个高高的柱子，上面放一个大大的品牌商标，或者在店铺的顶部设置一个大大的品牌商标。这似乎成了它们的标配。这其实就是在打造品牌的空间线索。只要用户看到标志，就知道店铺在不远处了。它的存在让用户远远地就开始期待，在大脑中想象补步入店铺的美好情景。

为什么要把咖啡馆开在人流量大、视野比较开阔的街角？因为这样的空间位置容易让用户产生空间上的超级连接。用户很容易联想到自己在街角咖啡馆，一边喝着芳香的咖啡一边看着街上人来人往的惬意画面。这样的场合很容触发用户对身在其中的情景的想象。

记住，用户的掌控感在很大程度上来自大脑在事物之间建立的复杂关联。让更多线索与产品和品牌关联起来，品牌更容易被用户认出。线索多元化使用户与品牌的连接变得更具弹性，也让商家具备了更多"点燃"用户想象的"火种"。

4. 无感触发之三：线索"攻略化"

我们先来思考两个问题：免费，会让用户有更好的体验吗？用户会满足吗？答案都是不会。如果商家认为

用户要的是免费、便宜、低价、打折，那商家就大错特
错了。

我们一定要有一种意识，用户追求的是"更……并
非是……"所以用户要的是更便宜、更快、更便捷、更
容易、更多。如果商家不明白这个道理，就很容易陷入
一种恶性循环。这其中的深层逻辑是连接一旦建立，大
脑就会产生建立超级连接的意志。用户会想尽一切办法
发挥自我的自主性和能动性来升级连接——将利益和好
处最大化。商家与用户建立"5折喝咖啡"的连接后，就
会渴望升级连接的模式——试图以更低的价格喝到咖啡。
用户会采用一系列攻略来最大化地获取好处和利益。所
以，打造攻略线索是满足用户升级连接意志的一种方式。
攻略线索就是在连接模式中导入用户可以操作的空间和
因素。用户可以通过自己的努力来满足"更多、更便宜"
的心理需求。记住一点，用户要的是更便宜的感觉，而
不是真便宜的事实。用户通过努力获得更多的优惠，有
掌控局面的操控感，从而达到自我强化的目的。

我刚参加工作的时候，发现公司的同事总是能用更
低价吃到肯德基的套餐，原因是他们有从周一到周日的
肯德基的套餐优惠券。有了这些券，他们总是能以很低

的价格吃到自己想吃的食物。我很好奇他们是怎么得到这些券的。原来他们做过攻略，知道在什么情况下用什么方式可以领到优惠券。他们手中有很多这样的优惠券，每次想吃的时候就会找出对应的套餐券享受更低的价格。这就是用户在建立连接后，进行攻略的结果。另外，当这些优惠券发到用户的手中时，还会产生另外一种效果，只要用户某一天没有用优惠券，就会认为自己亏了。所以这些券的最大功能是提升用户消费的频次，当然消费频次增加了，利润也就增加了，同时还培养了用户的消费习惯。本来用户一周吃一次肯德基，有了这些券，恐怕一周就会有三四次工作餐都选肯德基。

现在的各大购物平台开发了各种营销玩法，比如店铺领券、跨店减免、砸金蛋领券、分享减免等。各种营销玩法叠加在一起形成了一个购物攻略。用户只要用心地了解就会发现可以用更低的价格买到自己想要的产品。比如，一个产品"两件 5 折"的优惠。如果用户精通平台的玩法，通过攻略就能以低于 5 折的价格拿到产品。这样的设置会在很大程度上增加用户购物的乐趣，用户可以通过自己的努力直接创造价值。这就是攻略线索的魅力。所以，平台不仅是卖货的平台，更是在"贩卖"购物过程和体验。购物过程越能满足用户自我强化的意志，平台的价值就越大。用户的自我感觉才是商业的核心，而不是产品本身。

人们都说"买的不如卖的精"，然而不管是买还是卖，都是人在操作。只要是人在操作，作用就是相对的。买家和卖家永远在玩"魔高一尺，道高一丈"的博弈游戏。这个游戏的核心是自我感觉。商家试图用各种玩法从用户这里获取更多利润，但是用户会想尽一切办法寻找攻略线索搏回来。比如，买4件才能打4折。很多用户会先购买4件，然后再退掉3件。这样一来就可以买1件享受4折的优惠了。在很大程度上，用户的"斗智"是商家激发的。

我们再来思考一个问题，为什么我们在购物的时候喜欢砍价。原因是砍价有自我强化的功能，让我们感觉自己有定价权，而不是商家说多少钱就是多少钱。如果没有砍价的空间，会让我们感到被动。砍价让我们感觉能打破局限。其实，能砍下多少并不重要，重要的是我们要通过砍价的过程来感受那个掌控局面、有话语权的自我。要记住，用户要的是更便宜的感觉，而不是真便宜的事实。

商家在意识到用户有通过攻略来自我强化的需求时，

要积极主动地为用户打造攻略线索，将与用户的互动模式导入玩法中，主动提供能让用户自我发挥的空间。有了发挥自我能动性的空间，就有了用户自我强化的渠道。通过攻略获得的收益和好处对自我有强化功能。这意味着用户在挑战自我局限的努力中获得了胜利。记住一点，商业就是意志游戏，在这个游戏中谁能最大化地影响用户的意志，满足用户的需求，谁就是赢家。

5. 无感触发之四：线索"随身化"

在触发线索中有一种线索对用户的影响很大，这种线索是围绕用户出现的场景打造的触发线索。与产品关联的场景要遵循四个原则。遵循这四个原则建立起来的产品与场景的关联，才是有效的场景触发线索。

1）**高关联场景**。高关联场景是指产品最有可能与用户关联起来的场景。比如，喜力啤酒曾推出一款无酒精啤酒。人们一看是无酒精啤酒就会产生质疑，这还叫啤酒吗？我们说过，用户会排斥新生事物。商家该怎样改变用户的这种偏好呢？他们将一批冰箱放在司机们常出现的场所，比如停车场、加油站，将这款无酒精啤酒摆放在其中。任何司机都可以打开冰箱喝到这款啤酒。因为不含酒精，司机可以放心喝。这样一来便打开了市场。这就是将啤酒与司机关联起来产生的效果。江小白的成功在很大程度上也是因为它将产品与餐厅场景强有力地关联起来。它的产品几乎渗透了各个餐厅。这就是做商家渠道的核心策略。

2）**高频场景**。高频场景是用户频繁出现的场景。有效的关联场景就是用户高频出现的场景。比如，将老干妈与厨师烹饪的场景关联起来，就是与高频场景进行了关联。厨师一天炒无数盘菜，厨师一想到用辣椒就会想到老干妈。这样一来，一个厨师一天就会用掉几瓶或者十几瓶老干妈。与这样的场景线索关联起来，大大提升了用户对产品的使用频次。

与用户的高频场景关联起来有一种更加高明的方法，即让品牌或产品相关的信息渗透用户的常态场景。很多商家会给用户送小礼品，但是送的礼品与自己的品牌没有关系。商家根本没有意识到送小礼品的目的是将品牌线索植入用户的生活。有些商家在这方面做得非常到位，它们把小礼品做成钥匙扣、抱枕、便笺纸、台历、手提袋、杯子、雨伞、背包等，这些礼品渗透了用户生活的每一个常态场景：睡觉时抱着的抱枕会让用户想到品牌；工作时看到办公桌上贴的便签会想到品牌……你认为只是送了一个没有价值的小礼品吗？其实，商家是在用户身边安放了一个随时让你想起它的"卧底"。所以，我们可以把这些小礼品设计得精美和实用，让用户爱用，这样做，触发效果更佳。

有些商家更加巧妙地利用了这种方法。有个酒品牌为用户赠送瓶套，将其套在酒瓶的外面，变成一个"花瓶"，这样便遮挡了酒瓶上的产品信息，让酒瓶看起来更加美观。用户会认为买了酒还得了花瓶是很划算的事情。这样一来，虽然酒喝完了，但是酒瓶却还存在用户的生活场景中，形成了再次触发用户对产品渴望的触发线索。

3）沉迷场景。沉迷场景是用户时常沉迷在其中的场景。比如，刷手机的场景、追剧的场景、玩游戏的场景。有的雪糕品牌在包装上印着"低脂、低卡、零糖"的信息，并且告诉用户"吃一个雪糕产生的热量约等于遛狗10分钟消耗的热量，约等于看一场电影消耗的热量，约等于逛街1小时消耗的热量"。你认为这是有效的场景关联吗？其实这样的场景关联是无效的。这样的场景与用户的关联性不高。商家可以将产品的卖点改成"吃一个雪糕产生的热量约等于玩一个小时游戏消耗的热量；吃一个雪糕产生的热量约等于追剧两集消耗的热量"。这样一来产品就与用户时常沉浸的场景关联在了一起。用户一旦进入玩游戏、追剧的场景更容易触发对产品的渴望。大大增加了用户对产品的好感。

4）**必进场景。**必进场景是用户每天必须进入的场景。比如，用户上下班挤地铁、坐公交、骑共享单车等场景。如果产品能与这样的场景关联起来，就成了用户抗拒进入这种场景的"情绪缓解剂"。如果将雪糕的卖点改成"吃一个雪糕产生的热量约等于挤地铁10分钟消耗的热量"，就会启动用户补偿心理。用户就会认为反正一会儿要辛苦地挤地铁，吃一个雪糕也无妨。

这里我们要注意的一点就是场景与情绪的关联。在寻求与用户场景关联的时候，一定要考虑到用户处于这样的场景中的情绪。有情绪，与用户的关联效果就会大大提升，无论是正面情绪还是负面情绪。怕的是没有情绪。没有情绪，用户就没有强烈的驱动力。

商家要做的是想尽一切办法，让产品和品牌的各种信息渗透与用户相关的各种场景，这样一来就会形成场景触发线索。场景触发线索与用户关联在一起，会在不知不觉中增加用户对品牌和产品的渴望。

6. 无感触发之五：线索"贴身化"

我们不但要让线索跟踪用户的场景轨迹，出现在用户身处的场景中，还可以让触发线索与用户关联得更加紧密，让触发线索贴身化。触发线索贴身化是将产品与用户的行为关联起来，比如语言、动作、姿态、情绪、身体状态等，形成随着身体状况的变化而产生的触发线索。身体状态触发线索可以在用户感受到某种状态的时候，触发用户对产品的渴望。这种贴身线索是与用户关联最紧密的触发线索。

用户的行为和身体状态可分为三个阶段：发生前、发生时、发生后。这三个阶段都可以与产品关联起来形成触发线索。

首先，我们来看发生前。我们可以假设一种状态，将这种状态与产品关联起来。比如，"怕上火就喝王老吉"。也许上火的状态并没有出现，这只是一种假设。人们总是试图消除可能存在的隐患。我们当下的大部分意志都是在解决未来可能出现的问题。一旦将产品与这些负面的可能关联起来，就会成为触发线索——触发用户对产品的渴望。

如果我们能将问题与某些行为和场景关联起来，那么这些行为发生时就会刺激大脑对产品产生渴望。比如，将上火与熬夜、吃火锅、工作压力大等行为关联起来，这样一来用户在熬夜、吃火锅的时候，为了避免可能出现的问题——上火，就会想到喝王老吉。与未发生的负面可能关联在一起的线索是预警式的线索。它的存在可以帮助用户减少负面可能。这样的线索让用户有掌控感。

接下来我们来看，如何让产品与用户当下的状态关联起来，形成贴身线索，从而触发用户对产品的渴望。工作时我们总是会困、乏、累，这种身体状态会驱动我们想要喝杯咖啡或者抽支烟。大脑一旦感知到这种状态，就会驱动用户去寻求解决方案。如果产品与用户的这种状态关联在一起，那么我们就可以用户的这种状态作为触发线索触。比如，"小饿小困，就喝香飘飘""感觉不在状态，随时脉动回来"。这就是将用户的状态与产品关联起来，为用户制造一种可能。如果加上一个行动指令

"就喝"，就很容易启动用户的模式化反应——开冰箱去拿或者去店里购买。

用户的大脑时刻在试图超越身体的局限。用户在感受到身体的局限时，非常渴望抓住"一根救命稻草"。当我们能将产品与用户的状态关联在一起形成触发线索时，产品就成了用户自我强化的工具。

最后我们来看，如何与用户的行为发生后产生的身体状态关联起来形成触发线索。比如，"吃完喝完嚼益达"，这就是与用户吃完饭、喝完酒、抽完烟后存在口气和口腔残留食物残渣的身体状态关联在了一起。每当用户吃、喝的行为发生就会触发大脑对产品的渴望。还比如有些补水面膜与用户健身后身体大量缺水的状态关联在一起。当用户运动完就会想到用补水面膜来补充一下水分。这其中最关键的是洞悉用户行为发生后存在的身体局限。如果这个关键点抓不住，打造的触发线索就是无效的。

用户是追逐可能的"机器"。打造贴身线索的核心是让用户意识和感受身体存在某种可能，让这种可能驱动用户的行为。贴身线索是将产品与用户黏在一起的一种非常有效的触发模式，也是启动效果最佳的一种触发方式。

第六章

多巴胺控点五：切断连接

如何借助连接的断开使
用户"二次疯狂"

1. 二次强化激发用户的冲动行为

连接建立后，一旦断开，大脑中的多巴胺水平也会发生变化——降低，让人们体验到消极的感觉，从而驱动人们找回、修复、重建连接的行为。

在舒尔茨教授的实验中，研究人员打破了绿灯闪烁有果汁流出的规则。他们让绿灯闪烁，但是不让果汁流出——切断果汁与管子的连接。在这种情况下，猴子看到绿灯闪烁时，大脑会快速释放大量的多巴胺，但当猴子发现果汁没有流出时，大脑中的多巴胺马上降到一个很低的水平——断开的连接抑制了多巴胺。多巴胺回落到较低的水平会让猴子体验到失控感、失落感和挫败感。消极的感觉告诉猴子过去的连接断开了。这样的感觉会刺激猴子修复和找回连接的意志。

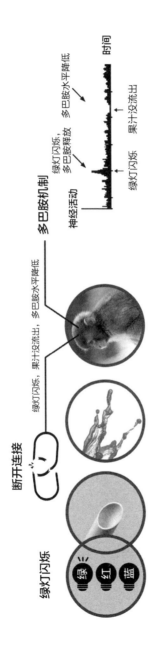

　　我们面对挫折的能力和抗压的能力是由多巴胺决定的。研究发现，小白鼠在面对挫败时会采取逃跑和回避的行为，大脑中的多巴胺会被激活，抗压能力就会减弱。如果小白鼠在面对挫败的时候积极地反抗和解决问题，大脑中某些脑区的多巴胺被激活，就会大大增强小白鼠的抗压能力。面对挫败时逃避和反抗都会激活多巴胺，为什么会如此？原因就是多巴胺的产生是增加了负面的可能还是正面的可能。负面的可能会促使小白鼠被动地一逃了之，这时抗压能力弱。正面的可能会促使小白鼠积极地面对挫败，这时抗压能力强。由此可见，抗压能力强不强在很大程度上取决于多巴胺让小白鼠看到的是正面的可能还是负面的可能。正面的可能会大大提升小白鼠的抗压能力。这也是生活中那些积极乐观的人更容易成功的原因。因为他们面对同样的挫败局面，总是能看到积极、正面的可能性。这种感知正面可能的能力促使他们一步步走向成功。

　　我们一定要明白多巴胺水平的提高能带给我们正面的感觉——愉悦、欣快——驱动人们的重复行为。多巴胺水平降低会让人们体验到负面的感觉——失落、失控——驱动人们的重建和修复行为。无论多巴胺水平是降低还是升高，只要多巴胺水平在波动，都是在试图驱动人们的行为，行为的方向是由大脑感受到的可能决定的，负面的可能驱动人们的逃离和回避行为，正面的可能驱动人们的修复和追逐的行为。有些研究者只关注多巴胺水平升高对人们行为的影响，而忽视了多巴胺水平降低对人们产生的影响。

那么，正面的感觉与负面的感觉哪个对我们的影响更大呢？答案是负面的感觉。前面我们说过，没有对负面可能的抗拒，我们恐怕就不会对正面可能产生渴望。所以，负面感觉制造的负面可能影响更大，因为很多时候我们对正面可能的渴望源自对负面可能的抗拒。卡尼曼的"损失厌恶"理论认为，损失对心理的影响大于同等所得对心理的影响。也就是说，人们失去的厌恶感比得到的愉快感强烈，对人们影响要大。同理，让人们得到一个连接和失去一个连接，失去更让人感到紧张，对人的行为影响更大。大脑最怕不增反减。

这种负面的感觉让我们感受到了自身的局限。这暗示着自己正在成为自己最不想成为的那种人，这违背了大脑自我强化的意志。所以，失去连接对我们的影响更大。很多人之所以活得平庸，就是因为他们把大部分精力都用在了逃避不想成为的自己上，而不是用来实现更好的自己。

连接断开对大脑的影响有五个阶段。第一个阶段是连接断开后可能引发焦虑情绪；第二个阶段是连接断开后会激活大脑修复连接的渴望；第三个阶段是积极地为断开的连接寻找替代连接；第四个阶段是主动更新旧的连接；第五个阶段是产生习得性无助，彻底放弃连接。接下来，我们将围绕这五个阶段来分析如何利用这 5 个阶段产生的意志驱动用户的行为。

2. 二次疯狂之一：唤醒"焦虑情绪"

让大脑感受到连接随时可能会断开或者将要断开，就会激发大脑的紧张和焦虑情绪。这样一来就会触发大脑对连接强化的意志，我们的机会就来了。

直播之所以能带货，最重要的是利用了用户对于断开连接的焦虑情绪。直播时一个产品只给一两分钟的时间推荐。这就意味着机会转瞬即逝。有些时候主播还会倒数 10 秒"下连接"，一个产品只给 10 秒抢购时间。这就是通过限制来操控刚建立起来的连接，从而引发用户的焦虑情绪。接下来主播会说："平时在别的平台最少要500元，今天在我们的直播间只要99元，这是我们向厂家申请的全网最低价，别的商家都拿不到这个价格。"这是在限价。然后，主播说我们只申请到100套产品，卖完下架，这就在告诉用户数量有限，如果不果断下单，再想以这个价格买到就难了。这就是在借用户对于连接断开的焦虑促使用户尽快下单。100套卖完，他们马上会说，有的粉丝没有买到，强烈要求补货，然后主播告诉助理，向厂家申请一下，看能不能再补100套。主播还说："我看难，这100套都是磨了半天才申请下来的。"话音还未落，助理就会说："又从商家抢了100套……"这会让用户有失而复得的感觉。经常做直播的播主还会发现一个现象，就是每次快要下播的时候，总是会迎来一波下单的高峰。这也是用户意识到连接将要断开激发了他们的焦虑情绪，于是赶着在主播下播前下单。

直播为用户提供了一个与产品最低价连接的机会，同时也释放了"连接马上会断开"的信号。限时、限价、限量都是在释放连接即将断开的信号。这样的信号会激活用户对连接断开的焦虑。所以，直播带货才对用户具有强大的驱动力。很多用户根本用不到主播推销的产品，但还是会情不自禁地抢购这些产品。其实，大部分用户购买直播间的产品单纯就是被连接断开的紧张情绪驱动了。

还有一种借助连接断开驱动用户行为的方法，就是在用户接触到信息的一瞬间让用户意识到，自己并没有与某些事物建立连接，或者自己正在错过某些连接。这会让用户感觉自我正处在无意识的状态。我们前面说过人们能够保持身心的平衡是因为存在"正向偏差"，认为自己既好又对，掌控着自己的生活。当用户瞬间感觉自己与某些事情并不存在连接或者正在错过与这些事物的连接时，用户的心理平衡就被打破，进而触发焦虑情绪。比如，旅行社会告诉你，去某个地方旅游一定要在3~4月，错过这两个月就错过了最美的季节，这些信息在用户接触到的瞬间就会让用户感觉自己差点就错过了，或者自己正在错过，瞬间就会产生焦虑。

用户普遍认为自己既好又对，掌控着自己的生活。只要信息中暗含老的、旧的、失去、不确定、不先进、不科学、不适应、不人性、没发展、没价值、不大气等信息，就意味着用户可能正在成为自己不想成为的那种人。这会让用户感受到坠落感、边缘感和失控感。在焦虑的驱使下用户会渴望抓住救命稻草，以此来强化自我掌控感。这就是现代商业贩卖焦虑的底层逻辑。

3. 二次疯狂之二：启动"修复意志"

让用户意识到连接即将断开会触发焦虑情绪。当连接真的断开后，用户修复和找回连接的意志被激活。这就好比你有一个手办不见了，你明明记得它就在某个收藏盒里放着，可是它不见了——盒子与手办的连接断开了。这时你会非常渴望与手办重新建立连接——渴望找到它，让它重新回到自己的掌控之中。你翻来覆去地寻找就是多巴胺驱动的。其实，你已经很长时间不玩那个手办了，但是就在连接断开的那一瞬间，你对它的渴望增加了，誓要把整个屋子翻个底朝天也要把它找出来。这就是连接断开后多巴胺水平降低激发的冲动行为。

我的一个同事感觉新买的某款辣椒酱没有了原来的味道。失去的感觉瞬间启动了他对原有味道的执念。他先是怀疑自己买错了，经过反复的核对，发现没有错，就是原先买的那款。然后，他怀疑自己买到假货了，于是又对发货的商家信息进行了核对，发现也没有错。接下来，他想也许是这个批次的产品有问题，便又买了一瓶。结果发现，它的味道真的与原来的味道不一样了。也许是商家换了辣椒的品种，很多同事表示根本吃不出有什么差别，但是在他看来这种微妙的变化让他找不到曾经稳定的感觉。我们说过大脑是靠线索认出产品的，对辣椒酱的感觉这条线索发生了改变，让他感觉这不再是自己曾经喜爱的辣椒酱了。正是这种失去的感觉驱动了他做出一系列找回和修复行为。我们该如何利用用户的这种心理呢？

有的在线平台会推出会员权益免费试用期，用户可以免费试用一个月或者两个月的会员权益。一个月后，当用户正在享受着会员权益的时候，试用期到了。这样一来，用户享受的会员权益就被切断了。断开的会员身份会让用户瞬间体验到一种局限感和失控感。免邮费、折扣等优惠都享受不了了，这会激发用户想要修复连接的意志。在修复连接意志的驱动下，用户会充会员费。这就是通过免费的形式与用户建立连接，在用户享受连接带来的美好时再切断连接，通过这种方式让用户产生"失去"的失控感。从而唤醒用户"不是的我"——那个失控的我，从而借助得到与失去的心理落差来驱动用户购买会员，就是在利用用户修复连接的意志来驱动用户的消费行为。我们一定要意识到一点，没有让用户体验过"失去"，他们就不知道一个事物在他们心中有多重要。很多时候，商家与用户建立连接，就是为了制造让用户"失去"机会。因为商家在用户心中的价值很多时候是通过失去塑造的。

　　找回和修复连接的意志与强化连接的意志是相似的。修复连接的意志是用户已经建立起来的稳定连接断开激发了用户重新连接的意志。而强化连接的意志是新建立的连接还不确定，渴望将其变得稳定和确定的意志。修复连接与强化连接的底层逻辑都是继续连接。所以，修复连接和强化连接的方法是通用的，我们可以看一下强化连接的方法。当激活用户修复连接时，我们借强化连接的方法重塑了与用户的连接。

4. 二次疯狂之三：接受"替代连接"

　　用户对断开的连接是放弃还是修复，是由一个指标决定的。它就是断开的连接是否让用户感到修复无望——没有"抢救"和"补救"的可能了。没有修复的可能，用户才会彻底放弃旧有连接寻求替代连接。这就像对烟上瘾的人，当他们想抽烟的时候没有烟抽，就会感到烦躁和乏力。这其实是多巴胺降到一个较低的水平，给人们制造的负面感受。这种负面的感觉是在驱动人们去想办法解决问题，驱动大脑尽快找到替代方案。比如，马上嚼口香糖，或者喝杯咖啡等。

　　法国的心理学家盖冈和雅各布曾做过一项研究。他们在一个鞋店里选择了一款爆款女鞋，将其摆放在店铺橱窗最显眼的位置，并且标上降价30%的字样。当顾客看到这条信息，进店要求试穿的时候，服务员会告诉顾客，只有35码和42码，没有顾客要的鞋码，并解释正因尺码不全了才会特价处理。在顾客迟疑的时候，服务员会向顾客推荐新款鞋。如果顾客感兴趣，就会让她们试穿，但价格是原价，没有折扣。研究发现，以爆款女鞋引导进店的4个顾客中就有1人买了推荐的新款鞋。这个数据要远远高于对照组的数据。当顾客与爆款鞋连接无望的时候，顾客并不会轻易放弃连接，而是会寻求替代连接。这就是通过一个比较理想的方案与用户先建立连接，然后借助用户对连接的无望感，促使用户接受替代连接的策略。这个策略中最重要的环节是如何让用户主动放弃连接。方法是让用户意识到之所以存在理想的方案是因为一些特殊、非常态的原因，比如尾单、断码。让用户意识到理想的连接是偶然的存在，这样用户才会主动接受替代连接。

房产中介就非常善于利用用户的这种心理。当你在网上找房的时候，总是能看到一些租金很低的房源。看到这样的房源就会触发你约中介看房的冲动。结果到了现场，中介会告诉你房子刚租出去。他们为了消除你对低租金的执念，会给你找一些理由让你意识到低价是一种偶然，比如房子比较老、比较脏、之前的租客违约等。消除你对低租金的执念后，他们会给你推荐价格高一点的房源，结果就是很多用户冲着低价去的，却定了更贵的房子。这就是中介抓住了用户对断开连接的替代需求，成功搞定了用户。这其中的核心技巧就是让用户放弃低价的幻想。如果这个环节做得不到位，用户很可能会溜走，选择其他中介。

有个购物平台有在线申请产品试用的功能，很多产品都可以申请试用。用户有每天可以申请 10 个想要试用的产品的权限。当你选好自己想要试用的产品，你会发现总是申请不到。因为对于同一产品，在线申请试用的用户很多，而名额却非常有限。其实，商家并不是真正想让用户免费试用产品，而是想借用这种策略让用户购买。当用户针对某一产品提交试用申请的时候，其实用户已经在自己大脑中与产品建立了连接。大脑中已经形成了如何借产品来进行自我强化的情景。比如，申请试穿的衣服可以搭配自己的牛仔裤等。用户申请时已经在大脑中建立了连接，产品承载的那个可能的自我已经开启。当用户多次尝试申请试用都不能如愿时，用户对产品连接的意志不会消失，而是会在不断地申请失败中增强。当用户意识到无法通过试用与衣服建立连接时，连接的意志就会驱动用户将免费试用的连接模式替代为购买产品的连接模式。平台采用这种策略是为了借试用的机制触发用户的购买行为，借助断开连接激活的意志，让用户接受替代连接。

我们要意识到一个问题，引流与变现的连接是不同的，并不是一个连接解决所有问题。商业中很多无法突破的问题，其实是因为我们在试图用一个产品、一种模式来解决引流、变现、留存、激活、复购、盈利的全部问题，这时我们就进入了一种无法突破的困局中。而一旦我们将这些环节分开看，让不同性质的产品发挥不同的功能，从而解决不同的问题，比如让低价格的产品来引流，让高价值的产品来获利，就会发现，我们面对的很多问题都迎刃而解了。

5. 二次疯狂之四：转化"升级思维"

大脑并不是绝对不能让连接断开，而是连接断开不能激发用户负面的自我感觉。大脑不能接受的是否定自我，这违背了自我强化的意志。我接触过的很多企业家口口声声说"创新"，但是没有几个人能真正做到创新。创新更多是他们自我安慰的口号，一旦触及对旧有模式的否定和自我的否定就退了回去。他们都无法超越"自我"的局限。他们一方面渴望无限可能，另一方面又非常恐惧否定自我。这样的心理矛盾导致他们更多是在原地徘徊和自我消耗。结果企业被他们"拖死"。不能自我否定，这也正是大部分商家平庸的根本原因。

人们不能接受的是自我否定，但又渴望无限可能。明白了这个心理，你会发现和大部分人沟通时他们的大脑始终在做一件事，把你说的事情往自己已有的认知上套。如果套中，那么他就会认为"不过如此"；如果套不中，他就会认为你说的不靠谱，认为你在故弄玄虚。人们不会轻易地接受你的理念和认知。所以，我们一定要记住，自我是非常坚硬的东西，千万不要不讲策略地去挑战用户的自我。要想让用户接受新的理念、新的事物，就要将新生事物伪装成升级版或者优化版。也就是内容上要采用创新思维，表达上要采用升级思维。牢记，用户要的是更好的自我，而不是被否定的自我。

我们要学会用更新、迭代、升级这样的词去包装产品的创新卖点，不要让用户意识到这是一种全新产物。当然了，这也不是说用户绝对无法接受新产品，只是需要投入更多的营销成本才能让用户接受。比如，在线支付、在线购物、共享经济等新生事物，哪个不是靠大量的补贴"烧"出来的市场。你回想一下当初自己是怎么抗拒在线购物和在线支付的就会明白了。

新产品与用户建立连接也是如此。对旧有连接进行升级是让用户接受一个新连接的最高效的方法。比如，苹果每年都会推出一款更新迭代的升级手机，而不是推出全新的手机。所以，一个新产品要想快速地占据用户的心理位置，就要把其包装成升级产品，而不是将其包装成全新的产品。还比如，元气森林的成功"上位"也是因为把自身包装成了一款零糖、零脂、零添加的气泡水，是对市场上其他传统气泡水的迭代，是对市场需求的升级，而不是打造一款全新的饮料。这才是它能被用户快速接受的根本原因。用户追求的是更好、进步、升级、成长，而不是没有认知基础的"空降"之物，这样的事物有被群体边缘化和异类化的风险。这是对用户自我最大的否定。

产品的升级迭代也是如此。有些品牌的产品包装多年不变，在用户的心中已经形成根深蒂固的印象。商家为了更新迭代会直接推翻旧包装，推出全新的包装，而这是非常危险的。用户可能会认不出，即便认出也会认为"你"不是"你"。因为商家摧毁了产品在用户心中建立的固化认知。所以，有效地对产品包装升级的方式就是保留旧包装上的经典元素，作为旧包装升级的牵引线索和过度线索。在这方面可口可乐就做得比较好，每次产品包装的更新，除了品牌商标依旧显眼，还会在新的包装上保留可口可乐的经典瓶型图案。这样一来即便对包装做了大的改动，看到这些经典符号，还是会让用户一眼就认出这是自己喜欢喝的可口可乐。我们前面说过大脑是靠线索识别和认出事物的。那些我们精心打造的品牌和产品的线索就是大脑识别它们的记忆元素。只要这些记忆元素不变，我们就能快速认出升级迭代的产品。

尝试任何新鲜事物都有不确定的风险，都是在将用户引入不确定，这是违背用户的自我强化的意志的。让用户接受一个全新的事物会让用户感觉是在给自己找麻烦，将自己引入一种不确定的状态。而如果是在用户现有连接的基础上升级，那么用户会有自我提升、自我成长的感觉，这是在进行自我强化。所以，要想让用户接受一个全新的连接，最佳方案就是将"全新"打造成"升级"。

6. 二次疯狂之五：禁踩"心理边界"

借助断开连接触发用户的行为，有一个非常重要的界限，就是习得性无助，即大脑通过不断地重复产生连接无望和负面的感受。习得性无助一旦产生，大脑就会放弃连接，一个连接就失去了影响人们行为的魔力。

美国心理学家马丁·塞利格曼（Martin Seligman），在1967年曾做过一项研究。他把狗关在一个封闭的笼子里，只要铃声一响，就对狗进行电击。由于狗无法逃脱，只能在笼子里不停地挣扎和惨叫。重复多次实验后，铃声一响，狗只是趴在地上嚎叫，不再挣扎。接下来，研究者在对狗进行电击前，先把笼门打开。这个时候，狗在接受电击的时候依旧趴在地上呻吟和颤抖，而不会逃走。这项研究发现，反复对动物进行不可逃避的电击会使其产生无助和绝望感，最终导致狗放弃反抗，接受电击。这就是习得性无助。习得性无助是指通过学习形成的一种对现实无望的心理状态。心理学家发现在人的身上也存在与习得性无助类似的现象。如果大脑强化和修复连接的意志通过反复地尝试仍不能如愿，那么大脑就会产生习得性无助——放弃连接，放弃修复，接受连接的断开。这样一来我们就无法再借连接断开触发的意志来影响用户的行为了。

但是，遗憾的是很多商家并没有意识到这条界线存在。现在的推销电话大部分都是采用智能呼叫，也就是用电脑软件进行自动呼叫，甚至一些银行的客服电话也在采用这种方式联系用户。起初用户会积极接听电话，担心错过银行的重要通知，比如账单逾期未还的提醒等。可是当用户接听几次后发现，是智能语音系统在向自己推销刷卡优惠活动。连续两三次接到这样的电话后，用户就会得出一种结论——这样的电话等于推销电话，不接也罢。于是用户再次接到这样的电话时就会直接挂掉。这种行为造成的后果是，当用户的银行卡真正出现问题的时候，银行想要联系到用户，就成了一件不容易的事情。智能技术可以给我们带来便利，但是如果我们只是看到便利的一面，而没有注意到它的局限，那么智能技术也会成为商家和用户沟通的障碍。

大部分购物平台都用了各种营销工具来刺激用户重复消费。比如，满100百减50、天降6元神秘礼券等优惠，这些营销策略重复出现在用户面前几次后，用户就会对其产生负面的适应性，就会对其失去兴趣。因为用户在这些工具的刺激下尝试几次后，发现并没有享受到真正的优惠和实惠，就对这些营销方式产生了负面的适应性——我想要的你不给，我不想要的你给。当用户再次遇到类似的情况就会不看、不用、不参与。这就是为什么很多营销工具的使用效果并不理想。所以使用任何策略工具都要注意一个非常重要的因素就是负面的适应性。如果营销工具解决不了用户的负面适应性问题就是在自娱自乐。任何机械的、重复的、千篇一律的营销工具的价值都是非常有限的。这就是为什么很多营销工具形同虚设。

其实，这种习得性无助与前面我们讲到的模式化反应是一样的机制，都是连接固化的结果。不过这里的习得性无助是通过不断地尝试和努力，连接不能再发挥自我强化的作用而形成的不予理睬。而前面说到的不予反应是认知固化后形成的不予反应，它还具有自我强化的作用——我知道。

唯一能切断与用户的连接的就是让用户产生了负面的适应性。所以，商家那些没有诚意的"优惠"和活动，起初对用户可能是有效的。如果照此发展，用户的每一次尝试都会成为切断商家与用户连接的推手，直到连接彻底断开。这样一来商家就别再奢望通过建立连接来影响用户的行为了。商家的路越走越窄、增长越来越乏力的根本原因就是他们不具备解决用户适应性问题的能力。

第七章

多巴胺控点六：随机连接

如何借助随机连接激发用户
对"中签率"的渴望

1. 重复行为是为了提升"中签率"

人们大部分的意志都是在应对不确定性，大脑是被不确定塑造的"机器"。我们的大部分行为都是在将一种可能性变得确定，都是对自我的一次强化，都会让我们感觉离真实的自我更近一些。所以，能够触发大脑连接意志的还有一种连接模式，那就是让连接变得随机和不确定。

建立连接后，如果用户多次尝试仍不能固化连接，用户就有可能放弃连接。但是如果用户偶尔能建立连接，那么就会大大增强用户连接的意志。随机连接会持续刺激多巴胺释放，驱动用户做出重复行为。在这个时候，多巴胺驱动的重复行为是为了提升连接的"中签率"。

舒尔茨在猴子的实验中还设置了一个蓝灯。他们把"蓝灯闪烁后，果汁流出"设置成随机的，有 50% 的可能出现果汁。也就是说，蓝灯亮时，果汁是否流出是不确

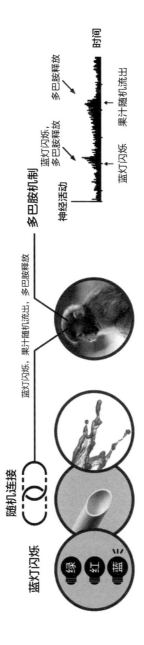

蓝灯闪烁

随机连接

蓝灯闪烁，果汁随机流出，多巴胺释放

多巴胺机制

神经活动

蓝灯闪烁

蓝灯闪烁，
多巴胺释放

果汁随机流出

多巴胺释放

时间

定的、随机的。受过训练的猴子，刚看到蓝灯闪烁的时候，其大脑内的多巴胺能神经元会短暂地被激活，并且在蓝灯闪烁的大约 1.8 秒里，多巴胺能神经元的激活程度会随着时间延长不断加强，直到蓝灯熄灭时达到高峰。蓝灯闪烁不一定有果汁，为什么多巴胺还会反应呢？这是因为蓝灯这个不确定的信号在驱动猴子的重复行为，通过重复行为来提升猴子喝到果汁的概率。

美国的心理学家伯尔赫斯·斯金纳（Burrhus Skinner）曾做过一个小白鼠的实验。他让小白鼠按动一个按钮就能吃到食物。他把按动按钮得到食物的概率设置成随机，结果是小白鼠像疯了似的，不停地按动按钮。大脑在面对不确定的连接时需要不断地释放多巴胺来驱动重复行为，目的是提升"中签率"。所以，将与用户的连接设置成随机的，就能大大增强对行为的驱动力。

著名心理家布鲁马·蔡加尼克（Bluma Zeigarnik）曾做过一项研究，她让被试玩一种拼图，在玩的过程中她会忽然叫停，告诉一半被试不用做了，而让另一半被试完成任务。结果发现，没有完成任务的被试更容易记住未完成的任务；而那些完成任务的被试很容易将完成的任务忘掉，而且不容易想起来。人们无法忘掉未完成的任务，这种现象被叫作蔡加尼克效应。而这种心理效应产生的原理就是不确定对大脑意志的唤醒。不确定的事物会让大脑投入更多的意志。大脑的意志是确定的，如果无法确定那么大脑就"不得消停"。

如果你经常刷抖音你就会发现很多博主都会采用一种话术模板。"这几点很重要，最后一点最重要"，这就是在利用大脑确定的意志吸引用户的注意力。用户很多时候知道这是套路，但是大部分人还是会无法抗拒地看到最后。这是因为大脑一旦关注到信息，就试图确定它。如果这种确定的意志无法实现。那么，这件事情就会占用大脑更多的注意力。自我是通过确定感来强化的。如果无法确定，那么大脑的自我强化就会循环，引发人们的重复行为。人们之所以渴望自我得到强化，不断地寻求自我，就是因为我们的自我是不确定的存在，只有不断进行自我强化，我们才能感到强烈的自我感。

掌握了这个底层逻辑，我们可以从以下几个维度来打造随机连接，从而驱动用户的重复行为。

1）"有没有"的不确定：有时有，有时没有。比如，购物平台的差价返还，有时有，有时没有，是不确定的。当用户点击差价返还的时候，有时候有几分钱，有时候会有几元钱，有时候一分钱都没有。这样的不确定反而触发了用户参与的渴望。

2）"是什么"的不确定：确定有，是什么不确定。近年来，"盲盒经济"在国内大热。从玩具盲盒、零食盲盒，再到文具盲盒、机票盲盒、景区盲盒，各类盲盒产品层出不穷，深受广大消费者喜爱，尤其是年轻消费者。盲盒中确定有东西，但是不确定是什么，只有打开才知道。这其中正是随机性的因素让用户欲罢不能。用户的每次购买都是为自己创造了惊喜。

3）"多少"的不确定：奖励多少不确定。比如，抢红包，能抢到多少是不确定的，有时多，有时少，全靠运气。这样的不确定因素大大增加人们参与的冲动。抢红包很多时候不是为了抢到多少钱，而是希望体验幸运感。即便很多时候只是抢了几分钱、几元钱，但是系统提示你是手气最佳，你也会体会到一种强烈的自我优越感。

4）"时间"的不确定：什么时间不确定。比如，你喜欢看一部新网剧，平台每天都会更新内容，但是每天更新的时间是不确定的。这样的不确定因素就会驱动你持续关注网站的更新。如果更新的时间是确定的，用户只会在特定的时间观看，不会持续关注。很多的直播主播都在研究自然流量的问题。他们发现偶尔有那么一两次直播间的自然流量会特别高，但是又不知道这个偶然的机会什么时候来。主播们要想遇上这样的机会，只有每天都播，以此来提升自然流量爆发的"中签率"。这就是时间的不确定因素刺激了主播们的重复行为。

随机连接能大大增强用户连接的意志，从而驱动用户的重复行为。随机连接制造的不确定性是品牌和平台持续保持新鲜感和吸引力的重要因素。要想深度玩转随机连接还需要我们掌握随机连接中的三个因素：投入、回报、概率。接下来，我就和大家分享如何借助随机连接中的三个因素，高效地驱动用户的重复行为。

2. 提升中签率之一：加大"回报"

随机连接的驱动力一部分来自不确定的回报。不确定中回报越大吸引力越大，回报越小吸引力越小。

美国有一家酒店，在用户预订房间后，会提示用户花 5 美元参加抽奖活动。参加活动会有 20% 的可能升级为行政套房，有 30% 的可能升级为高级套房，有 50%

的可能什么也抽不中。结果，大部分用户都会选择多付5美元参与抽奖。这就是利用高回报低概率制造的可能吸引用户积极参与活动。仅仅5美元就能制造一个升级更高级套房的机会，这对很多人来说是求之不得的美事。

买彩票是高回报、低概率的不确定连接。当我们看到又有人中了几百万元、几千万元的大奖，奖池里又累积了几个亿的奖金时，中大奖的高回报会让大脑产生非理性的冲动。但是，我们都买过彩票，中奖的低概率也让大部分人感觉自己与大奖无缘。低概率也在抑制人们购买彩票的冲动。在高回报和低概率的斗争中，你认为人们能战胜高回报的诱惑吗？答案是否定的。不然奖池里就不会经常累积高达几个亿的奖金了。在面对高回报、低概率的不确定连接时，人们普遍的选择是积极参与——少买几注，为自己创造一个中奖的可能。不然我们会感觉在亲手葬送让自己"翻身"的机会。当然，彩票高回报的诱惑也培养了一批职业彩民，他们的主要工作就是研究怎样中大奖，这就是高回报的魅力所在。记住，越是简单的模式，越是有效。但是，模式设计必须符合自我强化的意志。

高回报也是很多人前赴后继地加入创业大军的根本

原因。商业社会在最大化地放大创业成功者的收益和回报，这给很多人造成了一种误区，让很多人认为创业成功就可以名利双收，走上人生巅峰，这让人们看到了无限可能的自我，而忽视了创业的九死一生。高回报一定与无限可能的自我关联在一起。在可能的自我的驱动下，很多人不顾一切地去创业。

用户非常容易相信几乎不可能发生的高回报，甚至很多时候会忽视这其中失去的可能。在这里，我给大家讲个小故事。十年前，老家的一个亲戚打电话给我，他想和我确认一件事情是不是真的。他说他接到一个来自深圳的电话，说自己的手机号被随机抽中了10万元的大奖，领奖前需要先交这10万元奖金的税8000元。起初他半信半疑，后来越想越觉得是真的。但是一想要先交8000元，他就有些犹豫了。他早就被这种幸运降临的喜悦冲昏了头，但是让他拿出8000元又是件不容易的事情。纠结时，他想到我在大城市见多识广，先问问我。我告诉他，那是诈骗电话，他还是不相信。他坚信自己的幸运降临了。每个人都渴望得到老天的眷顾，都渴望幸运降临在自己身上。

很多人对低概率中的高回报没有抵抗力。这其中最让人着迷的就是运气。运气是什么？与自我的关系是怎样的？运气就是老天的眷顾，运气给了人们一种天选之人、特别对待的独特感。幸运感是提升自我独特感的核心因素。这对自我来说有一种强烈的连接感。面对低概率高回报的连接，用户渴望连接，以此来证实自己是幸运的。所以，只要高回报制造的可能不停止，就会有人前赴后继地拥抱这种不可能。我们必须明白一点，很多时候用户要的并不是好处，而是"中签"的感觉。"中签"的感觉让用户感觉自己是幸运者。

3. 提升中签率之二：提升"可得性"

要想增加随机连接对用户的吸引力，还有一个重要的方法就是提升可得性。高可得性给了用户一种一定可以得到的感觉。认知经济学家卡尼曼指出大脑存在可得性捷思，是指大脑处理一条信息越快、越轻松，大脑就越是相信信息描述的是事实。先让大脑"得到"，我们就会认为自己有机会"得到"。对于极低概率甚至是无概率的高回报，人们之所以相信，是因为媒体对个案生动形象的宣传让大脑感觉机会确实存在，而且就在眼前，就在身边。这种可得性案例大大提升了不确定中的确定性。人们参与不确定回报的动力来自信心，那么信心来自哪里？来自可得性因素。可得性就是概率的放大器，也是多巴胺的触发器——触发大脑"拥抱"可能的冲动。

哈佛大学医学博士巴里·李察蒙德（Barry Richmond）曾做过一个实验。他训练猴子按住一个杠杆观看电脑屏幕，屏幕中央有个带颜色的圆点。这个圆点的颜色在不停地变化。从红色到蓝色，再到绿色，猴子需要在圆点变成蓝色的瞬间放开杠杆才算正确。猴子每正确操作一次，屏幕下方的进度条就会增加一点。当进度条满格后，猴子就可以得到一杯果汁作为奖励。如果猴子操作错误，进度条不会增加。猴子非常清楚进度条与果汁的关系。一开始进度条较少的时候，猴子并不是很在意进度条的进展。但是当进度条快要满格的时候，猴子对进度条的兴趣会大大增加。它们会非常认真地操作杠杆，操作的正确率也会大大提升。猴子的心态之所以会发生这么大的转变，其根本原因是它意识到进度条马上就要满格了，马上就可以喝到果汁了。这种马上就要得到的感觉大大提升了猴子参与测试的积极性。进度条快要满格这样的信息提升了猴子对果汁的可得性。这就是高可得性的信息对猴子的行为产生的影响。

高可得性对用户确实存在欲罢不能的吸引力。前些年儿童编程的培训十分火爆。但同时，家长们也对编程这种高深莫测的技术产生了各种质疑：学它能做什么？那么复杂的代码孩子们能学会吗？为了提升家长和孩子们对编程的认知和兴趣，大部分培训机构都推出了线下体验课程。有一家培训机构的体验课程设计得非常有效，上过体验课的孩子们对编程的兴趣瞬间大增。他们是怎么做到的呢？答案就是在可得性上下功夫。

体验课只有短短 30 分钟。老师会带着孩子们完成一个小游戏场景的编程。他们选择的是孩子们经常玩的、非常熟悉的小游戏。首先，老师会引导孩子们添加一行游戏背景代码。添加完成，一个背景就呈现在屏幕上了。孩子们还可以更换自己喜欢的背景。一行代码就让孩子们知道了游戏中背景是怎么来的。第二行代码是导入一个角色，比如一个飞机。第三行代码是编写小飞机的运动指令。仅仅用了三行代码，就呈现出了孩子们经常玩的小游戏的基本场景，孩子们就知道了屏幕上的物体是怎样动起来的，是怎样被键盘操控的。这让孩子们瞬间感觉自己已经会编程了。

这样的体验课之所以效果好，能够在短时间内提升孩子们对编程的兴趣，是因为课程从多方面提升了孩子们的可得性。首先，他们用孩子们喜欢玩的小游戏作为切入点，将高深莫测的编程技术与孩子们熟悉的、喜欢的游戏场景关联了起来，给了孩子们满满的熟悉感和亲近感。其次，用三行代码完成一个游戏场景设计的做法，让孩子们感觉编程很容易。这样的操作提升了孩子们对编程的掌控感和驾驭感。最后，短时间内就可完成一个简单场景的设计，让孩子们有获得感和成就感。所以，这样的体验课能够在短时间内提升孩子们对编程的兴趣。面对用户对回报的不确定，我们可以提升回报的可得性来驱动用户的消费行为。高可得性会打破用户的不确定感，驱动用户产生积极的行为。

4. 提升中签率之三：融入"不定因素"

我们知道大脑渴望固化连接，固化连接可以触发模式化反应。但是，固化连接也很容易让用户失去兴趣，因为一旦固化就没有了可能。所以，一个品牌要想持续地吸引用户，就需要不断地在确定的连接中导入不确定的因素。这样才能大大提升品牌的活力和生命力，持续对用户有吸引力。

星巴克之所以能对用户有持续的吸引力，其中一个原因就是它在保持核心品牌理念和产品品质不变的基础上不断地推陈出新，不断在与用户稳定的连接中导入新鲜感。星巴克时常会推出新品，以及各种咖啡；也会推出一些与众不同的杯子，比如猫爪杯；还会根据不同的节日设计咖啡杯，以此来体现品牌的活力。正是这些随机的连接在源源不断地为品牌注入新鲜血液，提升用户对品牌的新鲜感。

同样，奥利奥在保持经典口味不变的情况下，会不断推出一些新奇的口味，比如生日蛋糕味、冰激凌抹茶味、白桃乌龙味、樱花抹茶味等。这些新口味不一定能带来多少销量，但是比销量更重要的是它在增加奥利奥在用户心中的关联，让奥利奥既有经典形象，又有新鲜感。这就是在固化连接的基础上满足用户对个性化和新鲜感的需求，让品牌对用户持续有吸引力。除此以外，奥利奥还会积极引导粉丝创新吃法，比如奥利奥奶昔、奥利奥蛋糕、油炸奥利奥、奥利奥马卡龙，甚至还有奥利奥焖饭等。确定的食材搭配不确定的吃法，这也是在主体连接不变的基础上，为品牌注入新鲜元素，使品牌保持活力和生机。

　　小朋友们喜欢玩拼插玩具，是因为它不但可以拼出固定的造型，更加重要的是他们可以利用这堆零件拼出各种不同的造型。这让玩具有了不确定的玩法。正是这种确定中的不确定因素在驱动着小朋友们玩拼插玩具。这种玩具潜藏的各种可能性才是吸引小朋友的根本。

　　电商平台一天到晚都在想尽办法策划营销活动。这也是在为用户制造随机连接，让用户意识到在这个不变的平台，每天都有不同的促销活动，每天平台都在制造着不同的可能。如果一个电商平台不借助营销和促销活动持续为用户创造可能，它对用户的吸引力就是有限的。

　　一成不变的品牌、平台就意味着没有可能，它的宿命就是丧失对用户的吸引力。只有不断地在固化的连接中导入不确定的成分，才能使其持续对用户产生吸引力。多巴胺经济驱动力的核心强调的是持续的可能。要想将多巴胺驱动导入品牌和平台，就需要在固化的连接中不断地导入随机因素，在确定中不断地导入不确定因素，品牌和平台才能持续为用户输出可能。这样才能持续地驱动用户的行为。信任感加新鲜感才等于吸引力。

我们要明白一点，在这个世界上唯一不变的事情是变化。大脑不断地"拥抱"可能是最高效的生存机制，它是与时刻变化的世界高度匹配的机制。虽然，很多时候这种机制也给我们带来一些烦恼，但它是我们能更好地活在世间的生存之道。所以，一成不变是一种反事实的状态，最终会渐渐失去对大脑的吸引力。

5. 提升中签率之四：增加"可控变量"

大脑连接的意志无论是建立连接、强化连接、固化连接，还是建立超级连接，终极目标都是为了实现自主连接。自主连接是根据自我意愿和需求进行自助连接。也就是说，自己想什么时候连接就什么时候连接，想在什么地方连接就在什么地方连接。自主连接是让用户感觉自己可以操控、影响连接的发生和结果。

我曾提出一个重要的理念，它在与用户的互动中决定着用户的自主性，它就是自主性变量，也叫作可控性变量，是指用户可以操控的因素。自主性变量有两种，一种是用户可以自主选择和决策的可控变量；另一种是用户自主创造和发现的可控变量。可控变量可以增加不确定中的可控因素，这会大大提升用户的驱动力。用户有了选择，才感觉这一切是有意义、有价值的，因为用户强化了自我的价值感和掌控感。记住，选择是自我塑造和表达的渠道，剥夺了用户的选择权，就等于剥夺了用户自我表达的权利，用户就没有自我强化的感觉。

我们先来看看用户可以自主选择和决策的可控变量。很多购物平台的数字营销工具都有转盘抽奖的活动。只要用户点击抽奖，转盘就会自动旋转，最后得出结果。这种营销工具往往对用户没有什么吸引力。这其中最重要的原因就是没有导入让用户可控的变量。如果可以让用户选择顺时针旋转还是逆时针旋转，就导入了自主可控的变量。如果让用户选择自动停止还是手动停止，就又一次导入了可控变量。如果让用户选择抽大一点的奖还是抽小一点的奖，就再次产生了一个可控变量。这些自主性选择给了用户操控程序的感觉。这大大提升了用户的自主性和能动性，让用户感觉自己可以操控结果。

我们思考一个问题，抖音的播放设置为什么不是播放完一条自动播放下一条，而是让用户手动划一下屏幕才能播放下一条？你思考过这个问题吗？原因很简单，就是为了提升用户的自主性和操控感。刷屏的行为给了用户一种"魔术师"的感觉，让用户感觉内容是自己刷出来的，而不是系统设置好的。用户刷屏的行为看似简单，但却给了用户操控结果的错觉，让用户感觉自己发挥了能动性，直接影响了结果。但事实是，内容就是系统设置好的，用户刷屏的行为并没有对内容产生直接的影响。

一个护肤品牌推出一款产品，将瓶子一分为二，一边装粉末，一边装液体，将两部分分开包装，用户可以根据自己的需求和肤色调配自己需要的护肤霜。这样的设计在很大程度上满足了用户的个性化需求。最重要的是它给了用户发挥自我能动性的空间。

接下来，我们来看什么是用户自我创造和发现的可控变量？它是指用户为了对结果产生影响，自主创造和发现了一套自认为能改变结果的可控因素。特别是在一些不确定的局面中，人们更容易采取自主创造可控变量的方式来提升对局面的掌控感。

美国心理学家斯金纳曾做过一个关于鸽子的实验。他把饥饿的鸽子放入一个精心设计的箱子里，无论鸽子做什么，都规律地给它喂食。一段时间后，他发现鸽子开始重复做一些动作。在食物出现之前，第一只鸽子在箱子里逆时针转两三圈，第二只鸽子将头伸向箱子顶部的一个角落，第三只鸽子则做了一个"举"的动作。鸽子们学会了重复做食物出现之前它们做过的动作。这就是在不确定的连接中自主创造出了一套对连接可能产生影响的变量。大脑渴望用自我的意志在无序的状态中建立有序的连接。

在玩游戏的时候，有的玩家在抽卡之前会用力地戳一戳手，有的玩家会向手里吹口气等，这样的行为就是玩家自主创造的可控变量。他们认为这样的行为能影响抽卡的结果。有些人在买彩票的时候更愿意自己选择数字，而不是随机选择。这些行为也是在通过自我的积极行为来创造连接的自主变量。这样做，用户会认为自己选的号更容易中奖。

逛超市的时候，我们会看到一个现象：生鲜区的顾客都会挑挑拣拣好一会儿才离开。比如，堆满橙子的货架前，买橙子的顾客都会认真端详手中的橙子。有的橙子会放进自己的袋子，有的会放回货架。如果你是个新手，不免会诧异"他们选择的标准是什么"。如果这时你边上正好有个热心的阿姨，她会一边选一边和你分享：“选这种底部有坑的，甜；选这种表面光滑的，长得圆润的，水分足……”而且你还会发现，一堆橙子用不了多久就会被挑选得所剩无几。最关键的是，好像每位顾客都选到了自己想要的橙子。这是因为每位顾客的大脑中都有一套自主创造的选择标准。有人认为表面粗糙的好吃，有人认为圆一点儿的好吃等。这些顾客选择橙子的标准，就是顾客自主创造的可控变量。顾客采用这种自主创造的可控变量去挑选橙子，会提升他们对所选橙子的满意度。这就是一堆形色各异的橙子卖完了，而且每个顾客都选到了自己满意的橙子的根本原因。

设计自主性变量的目的是借助顾客的决策和行为过程来打造顾客的可控因素。这样的可控因素会大大提升顾客的掌控感、驾驭感、自主感，从而达到自我强化的目的。

6. 提升中签率之五：互动"流态化"

不确定的连接对人们最大的吸引力来自"信息流态化"。什么是信息流态化呢？将信息导入一个连续、不确定的动态中。这其中有三个关键词：连续、不确定、动态。当互动的信息和对象具备这三个特性的时候，信息创造的可能就是可持续的。流态化是在强调连续性和持续性，一环套一环，像流动的水一样源源不断。比如，过山车游戏之所以很刺激就是因为它的设计中导入了互动流态化。游戏开始的瞬间我们就进入了一个连续的、不确定的动态中——忽高忽低，忽快忽慢，忽上忽下，持续向前。它是快速流动的，不断地为我们开启可能，不断地将我们导入可能。我们永远不知道接下来会发生什么，只是持续地接受一个个可能。这种持续动态的主观视角也叫作多巴胺视角。多巴胺视角让各种可能像洪水一样灌进用户的大脑，让用户只有一个选择——接招。生活中让大脑充满刺激的事物，大部分都导入了多巴胺视角，比如游戏、开车、滑梯、VR 眼镜等。

我们为什么对抖音欲罢不能，原因就是它将界面设计成了流态化的互动模式。当我们在刷抖音的时候，刷屏行为就是在开启可能——每刷一次，内容都不一样——我们有可能看到自己想看的内容，也可能看到意想不到的内容等。只要我们不停地刷屏，信息就会不停地涌显出来，而且每条信息都充满可能和不确定性。这很像屏幕化的过山车。

在拍摄短视频时，如果用动态跟拍的方式拍视频，就会大大提升对用户的吸引力。跟拍的方式将用户导入了信息交互的流态中——可能是持续发生的。比如，一个博主一开始就对着镜头做了一个"嘘"的手势，然后蹑手蹑脚地向前走。镜头跟随博主拍摄。看到这样的视频，大部分用户都会无法抗拒地看下去。这就是将信息流态化的模式导入短视频后提升了其对用户的吸引力。

玩游戏之所以上瘾，在很大程度上也是因为互动流态化。一开始玩，游戏就将玩家导入一个流态化的互动模式中。随着玩家步步深入，不确定的情景持续出现。这其中包括剧情、场景、角色、奖励、视觉音效、装备等，各种信息和情景都是流态化的。再将这些信息和情景交错在一起创造出更加复杂的流态化。这让各种不确定的可能性一下涌入用户的大脑。在这种情景下玩家永远不知道下一秒将会有什么奖励、会发生什么、会进入什么场景等，玩家只有一种反应，就是手忙脚乱地应对正在发生事情。面对持续涌入大脑的流态化的信息，大脑会注意力高度集中地"接招"。这就是信息流态化的魅力，它根本不给大脑休息的机会。

提升与用户互动的流态化是将多巴胺驱动发挥到极

致的核心解决方案。因为只有持续的可能才能对用户产生持续的吸引力，才会有持续增长的空间。在未来的作品中，我将继续深入地和大家分享驱动商业持续增长的"多巴胺悖轮"的打造方法。多巴胺悖轮会让品牌和产品真正具有多巴胺基因。

看完本书，我们要有一种意识，多巴胺的控点并不是单一应用的，而是组合在一起使用的。我们要学会举一反三，让这些控点在你手中真正发挥化腐朽为神奇的力量。